I0642662

DEZYÈM EDISYON

Sèl Pou Dezonbifye Bouki

*(Esè politiko-literè sou ekriven kontanporen ak sou
trayizon demokrasi, mistifikasyon lengwistik ak lit
pou chanjman ann Ayiti)*

Otè : Tontongi

Trilingual Press
PO Box 391206
Cambridge, MA 02139
Tel. 617-331-2269
Email : trilingualpress@tanbou.com

Konpozisyon tipografik :
David Henry, www.davidphenry.com

ISBN 13: 978-1-936431-22-9
ISBN 10: 1-936431-22-X

Library of Congress Control Number: 2014915235

Printed in the United States
Enprime nan Etazini

Dezyèm edisyon : Me 2019

Tablo kouvèti a pa Joseph Blondèl.

Sèl Pou Dezonbifye Bouki

*(Esè politiko-literè sou ekriven kontanporen ak sou
trayizon demokrasi, mistifikasyon lengwistik ak lit
pou chanjman ann Ayiti)*

DEZYÈM EDISYON

Tontongi

Trilingual Press / Près Trileng

Lòt liv pibliye pa menm otè a
Autres livres du même auteur
Other books by the same author:

La Parole indomptée /Memwa Baboukèt, éd. L'Harmattan, Paris, 2015.

In the Beast's Alley (powèm ann anglè e ann ayisyen, ed. Trilingual Press, 2013).

Poetica Agwe (esè ak powèm an twa lang—ayisyen, fransè e angle—, ed. Trilingual Press, 2011).

Critique de la francophonie haïtienne (essais en français et en haïtien, éd. l'Harmattan, Paris 2007).

The Vodou Gods' Joy / Rejwisans lwa yo (epic, bilingual poems English-Ayisyen, ed. Tambour, Boston 1997).

La présidence d'Aristide : Entre le défi et l'espoir (français et ayisyen, éd. New Strategy Books, Boston 1990).

Cri de rêve (poèmes en français et en ayisyen, éd. New Strategy Book, Boston 1986).

Liv ki edite oubyen ko-edite pa otè a
Ouvrages édités ou co-édités par l'auteur
Book edited or co-edited by the author :

Liberation Poetry : An Anthology, co-edited with Jill Netchinsky (poems and one essay in English, Trilingual Press, Boston, 2012).

Voices of the Sun : The Anthology of Haitian Writers Published in the Review Tanbou / Vwa Solèy pale : Antoloji ekriven ayisyen ki pibliye nan revi Tanbou / Les Voix du Soleil : Anthologie des écrivains haïtiens publiés dans la revue Tanbou (TP, Boston 2009).

Poets Against the Killing Fields, poems in English (TP, Boston 2007).

The Dream of Being (poems in English co-authored with Gary Hicks, 1992).

Prefas pou dezyèm edisyon an

Se avèk anpil plezi m ap prezante dezyèm edisyon liv mwen sila a. Mwen resevwa okazyon sa a ak de bra paske li ban mwen opòtinite pou mwen korije sèten erè ak defo fabrikasyon ki te file nan premye edisyon an, e m ajoute yon sou-segman ki ranfòse nouvo edisyon an e ki elabore plis sou yon sijè nan premye edisyon an ki te bezwen plis konpreyansyon : pwofil tonton Edwidge Danticat a nan tèks « Ayiti demen » an ke nou bay soutit « Peripesi monnonk Joseph ».

Mwen pran avantaj tou de okazyon nouvo edisyon an pou m inifye e aliyen vokabilè ak òtograf mwen itilize nan liv la ak sa ki prevalan nan ekriti kreyòl ann Ayiti e ki rekòmande pa Akademi Kreyòl Ayisyen an (AKA). Pa respè pou tanporalite e konsistans istorik premye edisyon an, mwen pa chanje anyen an plis nan edisyon sa a, ki toujou kenbe tout aktyalite li.

Mwen vle tou pwofite de okazyon sa a pou m di de mo sou mobilizasyon ki kòmanse jounen 6 e 7 jiyè 2018 la kote pèp ayisyen an louvri yon nouvo pwosesis lit pou chanjman ki ap kontinye jouk jounen jodi a (me 2019). Pandan de jou sa yo, nan yon epòk yo te panse li t ap dòmi, pèp la leve kanpe nan Pòtoprens ak lòt vil ann Ayiti pou l di li p ap peye ogmantasyon pri gaz gouvènman Jovenel Moïse/Jack Lafontant an ansanm ak alye yo nan milye dafè e klas kòporasyon yo, te dekrete a. Pèp la vin pote laviktwa, e gouvènman an te blije vin bak ba e anile desizyon an.

Pou mentni kontinwite mouvman 6–7 jiyè a, òganizatè yo lanse yon kokennchenn manifestasyon-mobilizasyon ki bloke Ayiti jounen 17 oktòb 2018 la, ki koyennside ak jou anivèsè lanmò Desalin. Dezyèm mobilizasyon sa a endike gen dezòmè yon mouvman politik detèmine ke moun dwe pran an konsiderasyon. Anfèt, sa ki vin evantyèlman klarifye, sèke mouvman an pa sèlman enterese nan pri gaz, ni nan sèlman kote lajan Petro-Caribe la ale, ni nan sèlman demisyon Jovenel Moïse, malgre ke yo fè pati de demann prensipal li. An verite, yon demann kle mouvman an, menm si soujaksant, anba chal, se yon chanjman nan rapò de klas e rapò dominasyon yo, ki chita, depi Lendepandans, sou eksplwatasyon ak sou esklizyon mas popilè yo, esklizyon yo de sant pouvwa alafwa politik, ekonomik e entelektyèl peyi a.

Mas pèp ayisyen an ap goumen pou chanjman nan atwofi sosyopolitik e ekonomik y ap sibi a, chanjman nan goumen chak jou pou sèlman yon moso manje pou yo manje, chanjman nan annsyete k ap makonnen yo sou lide kouman yo pral jwenn lajan pou peye fèm oswa lwaye kay yo, ki jan y ap jwenn mwayen pou peye enskripsyon, inifòm oswa ekipman lekòl timoun yo, anfèt y ap goumen pou chanjman konplè nan eta malsite ak santiman dekonstonbray lavi rezève pou yo a.

Mwen te gen okazyon patisipe nan mobilizasyon 17 oktòb la pa chans paske otèl mwen te desann pou yon konferans lan te plase devan plas Channmas la. Sa mwen te obsève ak de grenn zye mwen, moun ki t ap manifeste yo pa t ni bandi, ni akwochayè, ni krazebrizè, ni chimè, ni okenn nan estigma malfezans yo ba yo pote a. Yo te patriyòt ak sitwayen ki sot nan tout sektè sosyete ayisyen an, menm si an majorite mas popilè yo eskli yo. Se te yon manifestasyon ak revandikasyon lejitim. E vyolans mwen te wè jou sa a, se te bò kote fòs polis makoutik yo li te soti.

Wi, moun yo desann nan lari pou balewouze relasyon de klas yo ki fè pitit Lamèsi pa gen fiti e pitit gwo boujwa yo, pitit finansye entènasyonal yo, pitit dirijan ONG ak konsiltan entènasyonal yo, pitit prezidan, pitit minis, pitit wo fonksyonè Leta, pitit sipòte tèt kale yo ap byen mennen e gen tout sòt opsyon pou lavi yo. Tout moun se moun, se te kwayans fonda-mantal Revolisyon Ayisyen an, e l toujou ret jodi a youn nan revandikasyon fondamantal mobilizasyon pou lavi chanje a.

Sepandan, pou mouvman pou chanjman an ka pi solid e reyisi atenn revandikasyon l yo, fòk li pa konsantre sou yon prezidan ki se sèlman yon pyon nan mekanism pouvwa ki pran desizyon ann Ayiti a, men pito, kouwè powèm Koralen an « El Toreador » di, sou manipilè ki dèyè l yo : milye dafè/biznis yo, entènasyonal kou nasyonal, anbasad fransè e etazinyen yo, Vatikan, Inyon Ewopeyen, ONI, elatriye. Natirèlman genyen tou yon lòt aktè enpòtan e desizif ki la men ki pa ankò gonfle zèl li : dyaspora ayisyen an antanke fòs politik e sipò adisyonèl nan sen sosyete etranje yo.

N ap viv jodi a yon tan istorik danjere kote pi grann sipèpwisans nan lemond lan genyen nan tèt li yon nonm ki entelektyèlman e etikman andikape, Donald Trump. Men akoz popilarite li genyen nan sen Pati repibliken an, gwo bacha pati a ansanm ak tout mouvman konsèvatè a ap itilize misye oubyen bouche nen yo pou yo ka ponpe pwòp ajannda pa yo : plis eksplwatasyon, plis vise-boulon pèp la pou pwodui plis milyadè. Sa se defi Etazini jodi a.

Se pa san rezon (oswa se avèk anpil analoji istorik) kriz Venezyela a sanble ak kriz ayisyen an an 2001–2004 : menm travay de sap pou sabote yon gouvènman lejitim, menm kowalisyon grann boujwazi lokal, politisyen opòtinis, entelektyèl malpanse ak enperyalism etazinyen, menm mank respè pou konstitisyon an ak enstitisyon Leta yo (Gérard Gourgue deklare tèt li prezidan, elatriye). Men yon pi gwo *« insentive »* oswa ankourajman pretèks Venezyela a genyen se paske se yon peyi ki boure ak petwòl. Se yon lawont Jovenel Moïse pran pozisyon pou koudeta sa a k ap boukannen nan Venezyela jodi a. Yo itilize yon fòmil ki malerezman fè prèv li e ke n ap espere p ap mache nan ka sa a. Etazini ak Trump ap tetelang ak tout diktatè nan lemond (Al Sisi, Duterte, Poutin, Kim, elatriye), men jodi a y ap fè w konnen yo pran akè ka pèp la ak sa Maduro ap fè nan Venezyela. Si w kwè nan tip de « entèvansyon imanitè » sa yo, m ap vann ou pon Bouklin lan, jan yo di bò isit la. Fòk nou tout mande pou Etazini retire pat li oswa movèz entansyon li sou Venezyela. Kite se pèp venezelyen an ki rezoud kriz li a limenm.

Se nan pèspektiv goumen pou mennen chanjman ann Ayiti sa a ki fè nou voye solidarite nou bay tout sa yo ki desann nan lari sè dènye tan toupatou ann Ayiti pou mande chanjman, pou mande pou dechouke koripsyon, pou mande enterè pèp la ak peyi a dwe gen priyorite nan desizyon Leta, pou mande yon lòt dyeksyon e aspirasyon nan gouvènay peyi a, pou mande tablisman lajistis e respè diyite èt imen.

Konsèp zonbi goute sèl la se imajinasyon yon pwosesis revolisyonè ki kòmanse ak priz konsyans gen yon bagay ki pa bon oswa ki p ap mache byen. Nan ka eta zonbi a se yon kondisyon de viv ki pwoblematik nan limenm paske li denye a zonbi a nosyon inalyenabilite èt imen an, yon nosyon anpil istoryen fè remonte depi Deklarasyon Mandé a an 1222, nan peyi Mali, ann Afrik, ki di yon èt imen pa ka esklav paske li pa yon choz ni yon senp antite biyolojik, men yon *nanm*.

Se pa pa aza anpil esè nan liv sa a touche ak kesyon lengwistik, kesyon lang e kesyon relasyon lang yo genyen nan reprezantasyon nan chan sosyal e politik yo, kouman nan sèten ka yo menm detèmine oryantasyon ak chwa politik yo.

Ayisyen k ap viv aletranje yo, patikilyèman o Zetazini, ap viv ak pwòp tètchaje yo e mande tèt yo kouman sa vin rive. Si w mande kouman yon nonm kou Donald Trump ka prezidan o Zetazini, sonje yo te gen prezidan Andrew Jackson, ki komèt jenosid kont Natif-Ameriken yo nan ane 1830 yo ; sonje ak James Knox Polk ki te lanse lagè kont Meksik an 1846, masakre Meksiken adwat-agoch, e konfiske yon grann pati nan peyi yo ; sonje ak Andrew Johnson ki te chache bloke emansipasyon Nwa yo apre Lagè Sesesyon an. Wi, sonje ak tout lòt prezidan reyaksyonè yo ki okipe majistrati peyi a, tankou asasen Woodrow Wilson ki anvayi Ayiti an 1915, ki imilye e masakre Ayisyen. Andrew Johnson te yon rasis e fondatè espirityèl Ku Klux Klan ; sonje ak Ronald Reagan ki refasone e demantibile sistèm Leta Pwovidans lan pou enterè esklizif yon ti minorite tou piti popilasyon peyi Etazini ki, depi Reagan, vin anrichi tèt yo odepan enterè travayè ki vin deplizanpli apovwi gras ak kontwòl sa Marks rele a sipè-estrikti entelektyèl la ki fè kowalisyon avèk gwo kòporasyon ekonomiko-komèsyal yo plis milye finansye yo, anba zèl yon Leta yo di ki netr men ki an favè e dirije pa klas sosyal ak etnisite blan ki pi fò yo.

Anchennman tout eleman sa yo fè fenomèn Bouki ki goute sèl la pran tout yon lòt dimansyon ; li kwaze kowalisyon anpil enterè ansanm ak dezakò e konfli yo genyen ant yo. Li pote aksan sou kouman alyenasyon pran rasin nan lasosyete e kouman pèp domine yo ka devlope estrateji pou kontinye konbat e fè jefò pou Bouki jwenn sèl ki ka ede l konprann machinri opresyon yo e sa li ka fè pou l soti ladan yo.

Tout sistèm ki kowonpi nesesèman alyenan, paske l pa nouri pa libète lejitim e endepandan èt imen entelektyèlman byen enfòme, men pito pa magouy machinal koripsyon pou alyene yo. Li pa baze sou laverite èt imen lib, men sou chema sistèm pre-etabli ki prejije yo. Li baze sou yon konsepsyon èt imen kou objè, kou *mwayen* pou akonplisman bezwen materyèl yo, e non pa kou èt imen egalego ki ap konfwonte lavi nan yon espas jeyografik ak moman istorik ki gen menm kesyonnman ak ideyal.

Wi, genyen yon anchennman ant divès kondisyon zonbifikasyon ann Ayiti (politik, ekonomik, kiltirèl, relijye, lengwistik, seksis, elatriye), men genyen tou anpil posiblite depasman kouwè zansèt nou yo—*esklave* yo—te montre.

—*Tontongi*, Boston, 6 me 2019

Entwodiksyon

Pou entwodiksyon liv sila a mwen ta ka senpleman repodui entwodiksyon liv bileng mwen an *Memwa Baboukèt / La Parole indomptée*, kote mwen pale de « Memwa rezistans ak Alterite». Mwen defini toutokòmansman kisa *alterite* ye : « Alterite nan limenm se sa yon lòt moun ye men li pè devwale l paske yo pa valorize l e vle l fè l wont de li. Nan limenm li pa met andanje egzistans pa Zòt, ki gen dwa pou li ye sa li vle si li pa menase libète pa lòt moun. Sepandan, yo viktimize alterite, abize l, iyore l malgre limenm. L ap ret toujou viktimize si li pa inisye yon zaksyon revandikasyon idantitè, sètadi nan sans yon zonbi ki vle goute sèl e ki fè sa li kapab pou li jwenn li.»

Mwen pale tou de Mèt Loulou, premye anseyan mwen te konnen nan klas pre-preparatwa nan zòn Monnatif nan Pòtoprens : « Lekòl la te bati sou jis kat poto bwa ak fetay pay fèy kokoye ak fèy bannann.» Nan yon powèm mwen ekri pou li, mwen di de Mèt Loulou :

...

Mèt Loulou te koumanse n aprann konn li
nan yon silabè avèk po l gri kou yon po kochon
w ap chode rèd nan labatwa.

...

Mèt Loulou pa te sot nan Katye Laten
ni l pa te konn vwayaje aletranje ;
li pa te konn manje sosis nan lanjelis, biftèk ak bè
nan mitan midi sonnen, ni pwason dous nan lusware.
Menmsi gen lè l te kouwè chaloska ki ennève
lè n fè dezòd li te yon nonm ginen vanyan.

Men menmsi gen lè l aji kou chaloska ennève, Mèt Lou pa t yon sadik kouwè Frè Jules kay Frères de l'Instruction Chrétienne Rene Depestre pale de li a nan liv li *Encore une mer à traverser* (Edisyon Table Ronde, 2005). Mèt Loulou te itilize frèt raman, kòm dènye chwa, e pi fò tou kòm deteran. Nan entwodiksyon an, mwen itilize pwonon premyè pèsòn, sou kouman « mwenmenm » mwen wè sèten bagay. Mwen pale de relasyon m avèk mo, ekriti : « *Depi m te tou piti mwen te toujou fasine pa mo, pa bèl lèt, pa maji yon lank sou papye, pa elegans ekriti. Jouk jounen jodi a, sant lank ak papye toujou ebayi mwen. Nan klas elemantè e segondè, lèt, gramè, narasyon, literati, te sijè prefere m. Mwen te patikilyèman atire pa literati ki te egziste andeyò kirikilòm (curiculum) ki te anvigè a, kouwè liv pa André Gide, Jacques Roumain, Jean-Jacques Rousseau, Jean-Paul Sartre. Ankenn nan otè sa yo pa t aksesib a nou paske rejim Papa Dòk la toujou jwenn yon rezon pou li dekonsidere elèv etidye yo, menm sa ki pa t yon menas pou li. Natirèlman otè kouwè René Depestre, Jacques Stephen Alexis, Jean Genet, Graham Greene pa t asiste tiraj nan lekòl, elemantè kou inivèsite. Greene pi patikilyèman te deklare* persona non grata *pa Papa Dòk, sètadi endezirab, depi lè Papa dòk te detekte nan liv misye a* The Comedians *(« Komedyen yo ») move bagay ak malfezans ki t ap pase ann Ayiti e nan sen rejim lan.* »

Mwen pale ladann tou de lanmò Jak Estefèn Aleksi. Mwen raple lektè yo kouman diktati sanginè pa respekte jeni. Mwen raple yo koupabilite rejim Papadòk la nan krim asasinasyon misye : « *Yon kokennchenn gason ki ede fonde revi* La Ruche *an 1946, ki dirèkteman deklennche vag zaksyon revandikasyon, manifestasyon ak grèv jeneral ki ranvèse rejim diktati milatris Elie Lescot a an 1946. Rejim Papa Dòk la fòse l nan legzil an 1960 lè l wè misye pa vle fèmen zye sou depredasyon li. Li vizite Lafrans, Inyon Sovyetik, Kiba, kote li te al chache èd pou goumen kont rejim diktati divalyeris la ki te ap vin deplizanpli represif pandan l'ap rekile peyi a nan babari. (…) Li retounen ann Ayiti ann avril 1961, pase pa Mòl Sen Nikola, pou ede òganize yon revolisyon sosyalis. Se la sanginè tontonmakout rejim lan kaptire misye ansanm ak kèk lòt kanmarad ; apre yo bat e tòtire li, yo voye l nan Pòtoprens kote yo asasinen l. Otè plizyè liv enpòtan, Jak Estefèn Aleksi senbolize rezistans pèp la kont opresyon, abizasyon ak esklizyon. Pami zèv misye yo, genyen* Compère Général Soleil, Les Arbres musiciens, Romancero aux étoiles, l'Espace d'un cillement, *elatriye. Zèv misye yo reprezante yon akizasyon de sosyete enjis, mizerab, represif ayisyen an, li montre tou bon kote pèp la k ap lite pou solèy la briye pou tout moun, pou yon Ayiti kote rezistans ak lanmou marye pou fè lavi kontinye nan lespwa.* »

Sèl Pou Dezonbifye Bouki

Mwen pale tou de « pourisman degradan » ki kontamine anvironnman politik la ann Ayiti. Yon pourisman ki wè nonsèlman koudeta banditis maryonnete pa « kominote entènasyonal », men tou yon pwotektora lonizyen k ap fè travay sal enperyalism Etazini ak Lafrans. Natirèlman, tranblemanntè 10 janvye 2010 la vin agrave tout bagay, e ranfòse depandans Ayiti anvè letranje.

Iwonikman, mwen remake ke se nan entwodiksyon fransè liv bileng lan mwen adrese keksyon politik dominasyon lang sou lang nan sosyete ayisyen an. Rezon an, m panse, sèke enkonsyamman, lefètke m'ap ekri an kreyòl ayisyen montre ke m deja defye epistemè siperyorite lang fransè a, donk mwen pa t wè bezwen pou mwen adrese l kritikman, paske mwen deja montre mwayen pou depase l. Sou keksyon sa a, men sa m di nan entwodiksyon fransè a : « *Yon lang—ke l se yon lang yo domine ou pa—plis ke yon mwayen kominikasyon, li se alafwa machin avèk ki pouvwa Leta eksèse devwa l yo e reprezantasyon senbolik pouvwa a.* »

Mwen di tou antanke ekriven ki ekri e pibliye an fransè, mwen se yon « pratisyen ki patisipe nan eksèsis dominasyon l ». Mwen site Jean-Paul Sartre ki di ekriven frankofòn yo « sèvi avèk aparèy-a-panse lennmi an ». Mwen di, repwodui e kiltive lang ak kilti fransè ann Ayiti se yon bon bagay nan limenm paske yo anrichi anpil patrimwàn kiltirèl limanite ; men sepandan si w itilize yo pou kraze e eskli lang ak kilti kreyòl ayisyen yo oubyen tout lòt lang ak kilti, se yon bagay orib e kondanab.

Mwen te fini entwodiksyon an sou yon nòt optimis, kote m poze aksan sou « lòt figi » Ayiti genyen an, yon lòt figi ki se lekontrè figi repousan e negatif moun konnen de Ayiti a e ki fèt « *de koudeta, represyon, abi dwa-de-lòm, mizè sosyo-ekonomik, envazyon gran-blan kont peti-nèg, emigrasyon, bòtpipol, lanmò de mas prematire, pèdisyon egzistansyèl. Lòt Ayiti sila a se yon Ayiti fi fèt de pwezi, de mizik, de elevasyon atizay,* les arts ; *yon Ayiti ki fèt de venerasyon yon imanism òganik, yon Ayiti ki fèt de solidarite anpirik, de yon enpati pwofon avèk pwochen kretyenvivan ; yon Ayiti ki gen plis atispent, plis powèt, plis mizisyen, plis tirèkont, plis ekriven, plis eskiltè, plis dansè ak dansez, plis eskiltè, plis teyatmann e plis komedyen ke tout lòt peyi nan lemonn.* ».

Nou tèmine entwodiksyon an kote nou salye kapasite Ayiti ak Ayisyen genyen pou yo andire trajedi, men nou fè soti klè ke pasyans pou andire trajedi se yon vèti ki posib gras ak lespwa movez pas lavi chak jou yo yon jou ap vin kaba. An n repete isit lan sa nou di alafendèfen nan entwodiksyon an : « Ayiti se yon pwojè inivèsèl pou libètè ansanm ak yon pari sou demen, yon pari sou sa ki bon e bèl nan nou. »

Yon dènye mo sou tit liv la. *Sèl pou dezonbifye Bouki* ka konprann nan kontèks ayisyen an san anpil difikilte si w refere w a imajri konseptyèl ki soti nan mitoloji kilti vodou ayisyen an : Kwayans yon zonbi ki goute sèl ap vin reprann *nanm* li oubyen pran konsyans sou sitiyasyon *zonbifikasyon* an. Donk, *zonbifikatè* oubyen *eksplwatè a* a fè tout sa li kapad pou evite pou zonbi a goute sèl. Lè n konprann *malvi* Bouki oubyen malsite ka koze pa zonbifikasyon, nou konprann *dezonbifikasyon* enpòtan nan tout pwosesis liberasyon.

—*Tontongi*

Chapo-Ba pou 90 zan nesans Jean-Paul Sartre (1905–1995) : Esè sou yon entwodiksyon kreyòl zèv li ak zèv Simone de Beauvoir

Lè yon jèn tifi etidyan blanch te aproche Malcolm X e mande li ki sa li ka fè pou l ede koz pèp nwa ameriken an, misye te reponn li li ta preferab pou etidyan an ale nan « milye blan yo » pou li ede chanje sistèm enjistis ke blan yo tabli a.

Presèp dizon sila a pa gen ankenn moun ki pi aplike li ke Jean-Paul Sartre ak Simone de Beauvoir, yon kouplay de de nan pi gran filozòf Lafrans akouche depi tout listwa li. Sa Malcolm X te vle di nan parabòl sa a se : se pa patènalism ak charite kretyen k ap kapab demantibile sistèm opresyon ki ekziste a ; sa ap rive sèlman lè klas ak pèp domine yo yomenm òganize pou yo goumen e chanje sitiyasyon an, epitou lè moun ak sektè pwogresis ki sòti nan milye sa yo yomenm pran konsyans e goumen pou chanje pwòp sistèm ke yomenm tou ka privilejye andann lan.

Jean-Paul Sartre (1905–1980) te yon loraj kale depi li te toupiti. Misye te gen sèlman douz zan lè li te ekri premye liv li, de ti roman, *Pour un Papillon, Le Marchand de braises*, kote li dekri (e kritike antreliy) milye sosyal e familyal li t ap viv la. An 1943, nan tyouboum peryòd fachis e Dezyèm gè mondyal nan Ewòp, Sartre pibliye yon trete filozofik, *L'Être et le Néant*, ki rejte tout ide otorite, tout sistèm *alyenasyon* ak dominasyon, e tout baryè, estrikti sosyal, politik e entelektyèl ki ekziste pou anpeche moun « viv libète yo ». Liv la te fè yon pakèt bri nan lemond e li vin pwopaje mouvman filozofik yo rele « Egzistansyalism » la.

Tèz fondamantal egzistansyalism la se deklarasyon li ke « *egzistans presede (vin anvan) esans* » ; yon pozisyon ki ranvèse radikalman kwayans filozofik tradisyonèl la depi tan Platon (427–347 anvan tan Jezikri) ki te toujou mete « esans », sètadi yon swadizan karaktè ideyal, predetèmine, pèmanan, *nati moun,* ki kòmkwa kondisyone definitivman kondwit lavi yo. Sartre pa t dakò ak tèz sa a, li refite li pou l deklare ke okontrè *egzistans,* sètadi kondisyon pratik moun ap viv, vin anvan *esans* yo, otreman di, kondisyon pratik lavi yon moun vin anvan sipozisyon karaktè ideyal, predetèmine nati moun lan. Pozisyon filozofik sa a te deja mete misye nan prèske menm dyeksyon avèk Karl Marx, ki li te di filozòf yo te pase twòp tan ap divage sou « esans » mond la : li lè pou yo chanje li !

Sartre itilize (e metrize) plizyè fòm, medyòm e disiplin entelektyèl pou li pwopaje zèv li : roman, teyat, kritik literè, biografi literè, otobiografi, esè (etid) politik, jounalism, filozofi, elatriye. E misye te maton e konesè nan tout nan yo. Pa egzanp, byenke plis moun te konnen misye akoz pyès teyat li (pami yo *Les Mains sales, Le Diable et le Bon Dieu, Les Séquestrés d'Altona*) e zèv politiko-filozofik li (*L'Être et le Néant, Critique de la Raison Dialectique, Les Situations,* elatriye), misye te resevwa Pri Nobèl la an 1964 pou zèv literati li yo, patikilyèman pou roman *La Nausée, Les Chemins de la liberté,* e pou sitou *Les Mots,* yon otobiografi ki sèlman kouvri douz premye ane lavi Sartre, e ke tout moun konsidere kou yon *chef d'œuvre,* yon chelèn literè klasik. Li deklare nan liv sa a ke li te deside pou l pa kwè nan Bondye ak relijyon depi lè li te toupiti : Granmè li ak granpè l konn pase tout tan yo sou tab dine lakay yo ap fè diskisyon sou kiyès nan relijyon yo a (youn te katolik, lòt la te pwotestan) ki pi bon. Tibonòm Sartre konkli si y'ap diskite konsa a sou kiyès ki pi bon, tou de dwe pa bon !

Kòm nou konnen, Sartre refize asepte Pri Nobèl la ; e sa sèlman nan limenm te fè yon gwo eskandal nan milye literè nan lemond antye, paske se te yon bagay ra pou yon moun refize Pri Nobèl la, yon konsekrasyon prestijye ke tout moun ta renmen resevwa ! Sartre jistifye rejetasyon li de Pri Nobèl la pa fason klas dirijan entelektyèl ewopeyen yo itilize li pou yo fè pwopagann kont peyi sosyalis yo ; li kritike lefètke yo pa janm bay yon ekriven ki sot nan rejim kominis yo Pri a. Epitou Sartre mande komite jij nan Stockholm yo « kiyès ki bay yo dwa ak otorite pou yo deside de valè ak enpòtans lòt ekriven ? ». Misye panse ke sa tou se yon lòt fòm kolonyalism kiltirèl. Finalman,

Sartre di li konsidere tit Pri Nobèl la limenm, dèyè non yon ekriven, yon pretansyon movèz fwa, yon operasyon piblisite ki « fè presyon » sou lektè yo pou yo bay liv la ak otè a enpòtans menm lè tou lè de te ka medyòk.

Youn nan bagay ki te remakab ka Jean-Peaul Sartre, sèke menm lè tout moun te konsidere l kou nonsèlman youn nan pi gwo pansè ewopeyen, men tou kou « konsyans ventyèm syèk » la, daprè dizon Herbert Marcuse, limenm tou yon lòt gwo filozòf ventyèm syèk la, Sartre te fè jwenn tou zaksyon l avèk lapawòl nan pwojè libète li te kwè ladann lan. Pa egzanp , nonsèlman misye te patisipe nan gran mouvman rezistans kont okipasyon nazi a sou Lafrans, men li kontinye mennen zaksyon militan kont sistèm enjistis, rasis ak opresyon klas dominan fransè e oksidantal yo jiska lanmò li an 1980. Twa semèn sèlman anvan l mouri, nan yon entèvyou 3-pati nan revi *Le Nouvel Observateur*, lè Benny Levy te mande Sartre ki sa li panse de boujwazi fransè a, misye te reponn ke youn nan konviksyon jenès li li vle mouri avè l se rayisman li te toujou genyen pou boujwazi dominan, ipokrit e pretansye ki ekziste nan lemond yo. Diran tout vi li, Sartre patisipe, rele, joure, bay kout men, angaje l, kontribye nan prèske tout lit liberasyon non sèlman travayè, imigre e klas oprime an Frans e nan lòt peyi oksidantal yo, men tou nan lit liberasyon pèp ak peyi tyèsmond yo kont dominasyon boujwazi neo-kolonyalis oksidantal yo.

Chimen angajman politik Sartre kannale l tou nan kan opozisyon kont lagè gouvènman meriken an t ap mennen kont pèp Vyetnam lan : diran lagè a Sartre ak filozòf anglè, Bertrand Russell, prezide yon tribinal entènasyonal politiko-senbolik, rele Tribinal Russell, ki senbolikman jije e kondane krim kont limanite fòs militè meriken yo t ap koze ka pèp vyetnamyen an. Pandan menm tan an li denonse tou lòt lagè enperyalis ki t ap mennen kont aspirasyon liberasyon pèp afriken yo e kont politik dominasyon gouvènman meriken an ann Amerik latin, patikilyèman nan Kiba kote Sartre ak Simone de Beauvoir ale vizite Castro ak Che Guevara (1961) pou yo pote solidarite yo ak lit anti-enperyalis kiben an.

Sa yo te rele Lagè Aljeri a (1945–1962) vin youn nan gwo koz Sartre angaje l tout antye. Li nonsèlman ekri prefas liv tètchaje, labib antikolonyalis Frantz Fanon an, *Les Damnés de la Terre,* yon liv e prefas ki fè Ewòp reyaksyonè tranble e ki fè anpil moun pran konsyans sou malveyans gouvènman enperyalis oksidantal yo, men tou Sartre patisipe aktivman nan rezistans kont lagè a, li denonse koupab yo e rele pou tout moun vin bay solidarite yo nan rezistans lit liberasyon pèp aljeryen an. Eleman makouto-fachis milye entèvansyonis anti-aljeryen klas politik fransè yo jete bonm sou kay misye plizyè fwa akoz de aktivite militan l ; e se pa chans li te sove.

Nou vle souliye tou konsèp nèf, orijinal, Fanon devlope sou vyolans nan liv sa a, kote li di ke vyolans kolon yo ap maspinen sou kolonize yo se yon mwayen sistematik pou eseye rive *dezimanize* yo, pou fè yo pèdi nanm moun yo ; li kontinye pou l di ke, nan yon tèl kondisyon, *kont-vyolans* oubyen vyolans anti-vyolans bò kote kolonize yo kont vyolans kolonizatè yo, vin tounen yon zaksyon ki « *re-imanize* » kolonize yo, ki rebay yo plas yo pami moun. Sartre ba l repondonn e ajoute ke vyolans sila a, se yon « vyolans liberatè », yon vyolans *kreyatif,* nan menm sans Malcolm X te rele kont-vyolans nwa oprime yo, yon « vyolans moun entelijan ».

Relasyon ant « Libète total » sartriyen an e Praxis marxis

Apre Sartre fè parèt roman *La Nausée* a (1938), teknik ekri roman vin boulvèse pa nonsèlman kalite istil Sartre anplwaye nan jan l ekri l, men tou paske karaktè santral liv la, yon nonm yo rele Roquentin, se yon figi ki si konplèks, si temerè, ke lè l'ap pale e dekri sitiyasyon « alyenasyon », dezesperasyon, absidite, « kontenjans » (santiman vid, anyen-anyen, santiman bagay san zenpòtans, ki pa *nesese*), li t ap viv e obsève yo, li fè l avèk yon lisidite e sans kritik ekstraòdinè, trè pafè, ki fè ankenn moun pa ka deside si misye se yon fou lage oubyen sil se yon devinè k ap dezabiye salte, opresyon ak absidite yo rele lavi a. Anpil moun tou te ka panse ke Roquentin se yon revolisyonè revè ki t ap sèlman radote sou ideyal libète e sou absidite, sou « *angoisse* », kè-mare, nilite lavi. Sartre kontinye fè menm obsèvasyon sa yo nan *L'Être et le Néant* (1943), men li rive pi lwen nan liv sa a pou li montre ke konsèp « libète total » la se posiblite moun toujou genyen, nan kèlkeswa sitiyasyon trajik yo ladann lan, pou yo revandike libète yo. Misye di « yon moun ka toujou fè yon bagay valab, pou tèt li oubyen pou lòt moun, nan kelkeswa sitiyasyon tyouboum li ladann lan ».

Men lè Sartre reyalize ke « libète total » moun lan ap revandike a ka vin pawòl nan van nan yon sosyete kote machin politiko-ekonomik la la pou oprime endividi ak gwoup moun, misye ajoute, nan yon dezyèm gwo tèks filozofik ki rele *Critique de la Raison Dialectique* (« *Kritik Rezon Dyalektik* », 1960), ke konsèp ak ideyal libète a dwe toujou akonpaye pa yon « angajman pratik », yon *praxis revolisyonè*, ki alafwa endividyèl e kolektif, e ki rekonèt ke moun pa pèdi libète yo paske yon lòt gwoup moun pa renmen bobin tèt endividyèl yo : Moun pèdi libète yo paske yo fè pati de yon gwoup osnon klas sosyal ki ap ranpli yon fonksyon pitimi-san-gadò nan sistèm eksplwatasyon politik, ekonomik, sosyal e ideyolojik ki ekziste a. Se nan liv « *Kritik Rezon Dyalektik* » la ke Sartre vin jwenn men nan lamen avèk filozofi marxis la ; li anplwaye li kou sa li rele a yon « zouti endispansab pou chanjman istorik ». Anbisyon misye pou liv sa a, se te pou l eseye mete sou pye yon « fondasyon solid pou yon antwopoloji sistèm sosyal e istorik yo ». Kouwè Karl Marx anvan li te devwale tout kamouflaj, mekanis pwodiksyon ak eksplwatasyon sistèm kapitalis la e te mande pou tout travayè ak oprime òganize e ini yo pou kraze sistèm opresyon an, Sartre montre pakèt *posiblite revolisyonè* ki ekziste pou gwoup ak klas oprime yo depase limitasyon alyenasyon an ; li montre kouman yon bon sistèm solidarite ka fè devlope mwayen endispansab yo pou demantibile sistèm opresyon/alyenasyon an.

Menmsi premis (batis teorik) ideyalis « libète total » filozofi egzistansyalis la pa t two diferan de premis-batis marxis la, ki li plase rèv li nan yon sosyete kominis ideyal, kote endividi ak gwoup oprime yo vin libere tèt yo de yon kondisyon chozifye, yon kondisyon « machandiz nan mache » (*reifye*, objektifye) klas oprese yo te plase yo, e vin tabli nan plas li yon sosyete *re-imanize*, otantikman *libere*, kote pwodiktè yo gen kontwòl sou pwòp destine yo. Men kote ekstravagans teorik egzistansyalism la vin pwogrese e vin vrèman jwenn *praxis* marxis la, se lè Sartre vin asepte priyorite zaksyon kolektif revandikatif, òganize, gwoup oubyen klas oprime yo genyen parapò ak « zak lib » yon endividi. Sartre ekri plizyè liv ak etid pou l te montre evolisyon panse egzistansyalis la bò dyeksyon yon refleksyon ak zaksyon politik òganize, pami yo, *L'Existentialisme est un humanisme*, e *Qu'est-ce-que la littérature ?* Nan dènye liv site la a, Sartre denonse ekriven japrouv, lach e dekoratè tradisyonèl yo ki fèmen zye yo sou enjistis sosyal yo ; li mande pou entelektyèl yo *angaje* yo *politikman* paske se sèl fason zèv yo ka gen ankenn valè !

« *Kritik Rezon Dyalektik* » la se youn nan pi gwo labib filozofik ki ekziste e ki montre kouman gwoupman moun ki an rebelyon ka « fè listwa » e chanje anviwònnman yo oubyen chanje pa anviwònnman yo. Nan liv sa a, Sartre jwenn konplètman dyalektik libète total egzistansyalism lan avèk dyalektik jistis pwoblematik marxis la nan yon sentèz (men-kontre) ki louvri chan posiblite ak pèspektiv tou de filozofi yo. Malgre ke liv la se yon etid filozofik sou listwa ki konsidere sijè pase oubyen abstrè, Sartre debat e predi nan li de nan gwo evennman politik (e istorik) ane 1950–1960 yo : Revolisyon kiben an (oubyen sèten pratik *guerillero-konbatan* castris yo) e mouvman revolisyonè etidyan inivèsite an Frans yo, ke moun plis konnen sou non Me-68. Sartre montre konpreyansyon, risk, kouraj, solidarite ak fratènite, e santiman kreyasyon ki genyen e ki endispansab pou fè « yon gwoup ki ap pran dife revolisyonè » (« *un groupe révolutionnaire en fusion* ») vin kreye rapò sere ak detèminasyon ki fè lit la konsolide. Revolisyon kiben an ilistre tèz sa nan fason pwosesis revolisyonè a dewoule depi nan koumansman l. Men yon lòt fenomèn politik e istorik Sartre prèske pwofetize nan liv sa a, se desounman ak vole-gagè ki te fin pran gouvènman santral Lafrans la devan rebelyon ak tibilans gwoup anraje etidyan yo an me 1968. Lè Daniel Cohn-Bendit rele e di ke « tout bagay posib » e ke se imajinasyon menm ki vin opouvwa, Sartre ba l repondonn paske li te deja di sa nan liv sa a ke tout zaksyon revolisyonè, kelkeswa lokalize li ka lokalize, rann nan limenm tout bagay posib pa « posiblite konsyantizasyon e re-kreyasyon » zaksyon an ka debranle ; li louvri yon « chan posiblite ». Byenke Me-68 vin revele l yon rebelyon tiboujwa ki vin finalman konfòme l avèk *establishment* dominan fransè a, rebelyon an nan limenm te louvri yon « chan posiblite » ki pa t ase eksplwate pa gwoupman sosyal oprime sosyete fransè a. Se posiblite, potansyèl sa a ki fè anpil moun te rele mouvman revòlt istorik etidyan me-68 an, yon « revolisyon sartriyen ».

An n fè remake tou de lòt liv Sartre ki revolisyone jan moun te konn ekri biografi literè : *Saint Genet, Comédien et Martyr* (1952) e *L'Idiot de la famille/Gustave Flaubert* (1972). Nan premye a Sartre devwale powèt rebèl Jean Genet (1910–1986) bay piblik la avèk si tèlman pwofondè ke Genet pase plis ke dis ane ak yon « blokaj mantal » ki anpeche l ekri. Genet tou pa t nenpòte ki : yon omoseksyèl, ansyen prizonye pou vòl e vakabon ki pa janm gen yon kay pou l rete, li ekri sepandan yon zèv powetik e teyatral ki ranvèse e demantibile fason moun wè pretansyon boujwa sosyete boujwa fransè a. Pami liv misye ekri genyen, roman powetik *Notre Dame des Fleurs* ouswa *Miracle de la Rose*, epitou yon grann kantite zèv teyatral kouwè *Les Bonnes, Haute Surveillance, Le Balcon*, elatriye. Olyeke misye gen lawont pou eksperyans ak kondisyon lavi li, li *asime*, asepte, glorifye kondisyon an nan tout liv li pibliye. Anplis, tout ewo liv misye yo se yon bann moun degrade oubyen sosyete a degrade (vòlè, masisi, blofè, prizonye, lwijanboje, pwostitye, elatriyc) ke misye prezante tankou moun ki gen « lagras, esplandè, siblimite », moun ki gen yon valè moral siperyè ke tout moun dwe respekte !

Lòt liv nou dwe remake a, se biografi literè Sartre ekri sou ekriven Gustave Flaubert a (1821–1880), *L'Idiot de la famille*, ki li tou se yon chelèn literè. Nan liv sa a Sartre kontinye e devlope pi lwen envansyon metodolojik li te koumanse nan liv sou Genet a : kote li vle tabli karaktè yon nonm pa mwayen sa li rele a yon « psikanaliz egzistansyèl » ki analize e chache konprann « tout dimansyon » endividi a. Sartre montre tou nan liv sa a tout meprizman li pou Flaubert : li di li rann Flaubert reskonsab de represyon ak masak kont revolisyonè mouvman yo rele Lakomin Pari a (1871), yon rebelyon ki te deklennche pou chanje lavi, paske Flaubert pa t leve yon dwèt li pou l defann travayè an revòlt yo. Li kalifye Flaubert de « boujwa gwo kòlèt lach e satisfè ».

Pou plizyè zane anvan lanmò Sartre ann avril 1980, anpil pwomès revolisyonè li te toujou kwè nan yo te vin yon ti jan fane, akoz nonsèlman rezilta politik travay boulon-sere, politik andigman *(endiguement)* fòs oksidantal reyaksyonè yo kont eksperyans revolisyonè nan lemond yo, men tou akoz de enpas, echèk, anboujwazman e limitasyon kay anpil mouvman revolisyonè ki te ekziste yo. Linyon Sovyetik limenm te vin tounen yon sistèm biwokratik, « totalitè », fatige e san zavni ki vin diskredite, avili, pwojè liberasyon orijinèl ki te fonde Leta sovyetik la. Sepandan, menm lè li kontinye denonse fayit Linyon Sovyetik vizavi pwomès revolisyon bolchevik la, Sartre te toujou defann li kont zak movèz fwa kan enperyalis oksidantal la, ki li se kont rèv, ideyal ak fondasyon revolisyonè istorik sosyete sovyetik la yomenm li t ap goumen pou l kontrekare e defèt.

Sèl kritik serye nou ka fè sou Sartre vizavi denonsman li de mankman rejim biwokratize nan Lewòp-de-Lès yo, se lefètke li pa t fè yon gran diferans ant sitiyasyon peyi sila yo e sitiyasyon peyi Kiba. Menmsi nou rekonèt valè sipò Sartre bay revolisyon kiben nan yon moman enpòtan kote enperyalism meriken an te vle toufe li nan ze, nou twouve ke kritik sevè Sartre fè sou Kiba yo alafen, pa egzanp lè l vin asepte kritik alamòd tiboujwa parizyen yo ki te vle asimile Kiba ak rejim totalitè Ewòp-de-Lès yo, wi nou twouve li te yon ti jan pèdi kap li. Paske, kontrèman ak rejim sosyalis Ewòp-de-Lès yo, revolisyon kiben an se te yon revolisyon popilè otantik ki fè yon pakèt mirak chanjman pozitif pou pèp kiben an, e ke pwoblèm prensipal li se lefètke enperyalism meriken pa t janm asepte pèdi privilèj li e kontinye ane apre ane, jiska jounen jodia, ap sabote eksperyans liberasyonèl pèp kiben an.

Men, malgre konsta negatif Sartre vin fè sou feblès pèfòmans rejim etabli nan kan yo te rele « kan sosyalis » la pou met sou pye yon vrè sosyete sosyalis, li pa t janm pèdi konfyans li nan posiblite ak nesesite pou eleman alyene e oprime yo, nan tout sosyete, òganize yo pou demantibile sistèm opresyon an. Li mouri ret kwè ke endividi ak gwoup sosyal yo toujou gen dwa, nesesite, posiblite e mwayen pou yo goumen pou *chanje lavi*, kouwè Rimbaud ta di.

Yon fanm vanyan total-kapital

Simone de Beauvoir (1908–1986) te konpayèl Sartre pou plis ke senkant tan, depi lè yo te premye rankontre, an 1929, kan yo te jèn etidyan nan Inivèsite Pari, jiska lanmò Sartre an 1980. Manmzèl se yon fanm vanyan ki te fè pwòp non pa l ak zèv pa l nan relasyon l avèk Sartre. Kouwè Sartre, de Beauvoir te eksele nan plizyè fòm literè e entelektyèl : roman, esè (etid) filozofik, teyat, kritik litcrè, esè politik, memwa, elatriye. Roman li yo (pa egzanp *L'Invitée* oubyen *Les Mandarins*) te fè yon pakèt bri nan lemond literè a. Yo konsidere de Beauvoir tou kou youn nan pi gran memoryalis epòk apre Dezyèm lagè mondyal la an Frans. Twa memwa *(mémoires)* mamzèl ekri, *Mémoires d'une jeune fille rangée*, *La Fleur de l'âge* e *La Force des choses*, konsidere jounen jodia kou twa zèv klasik, san konte yon esè obsèvasyon sou Lachin, *La Longue marche*, ki te louvri konpreyansyon anpil moun sou pwoblematik revolisyonè a nan Lachin.

Men zèv manmzèl ki te yon gwo zen nan listwa politiko-filozik epòk la, se definitivman *Le Deuxième Sexe*, yon liv tèt-chaje ki demanbre tout vye konsepsyon moun te genyen sou sa yo rele « kondisyon feminin » la, sètadi fason dominasyon, derespektasyon, eksplwatasyon e meprizman sosyete patriyakal (gason-se-mèt) la tabli pou l kenbe fanm sou kontwòl depi koumansman listwa lavi moun.

Efektivman liv *Le Deuxième Sexe* la pa yon liv kouwè tout lòt liv. Malgre plizyè diskisyon, deba, etid ki fèt, e plizyè lòt liv e etid liv la enfliyanse e ki sòti depi lè l te sòti (1949), « *Dezyèm Sèks* » (oubyen « Keksyon Fanm »), rete kritik ki pi radikal ki fèt sou eksplwatasyon fi pa gason e pa sosyete. Nan liv la Simone de Beauvoir nonsèlman montre kouman konsepsyon (e kondisyon feminin la limenm) se yon « envansyon kiltirèl », men tou li dekri e devwale pratik tradisyonèl sosyal, relijye, politik e mekanis sosyo-ekonomiko-kiltirèl yo ki konbine pou pwodwi « envansyon » sila a. An gwo, de Beauvoir montre ke sistèm politiko-sivilizasyonèl klas eksplwatè yo (ki kontwole pa gason) met sou pye a pou yo domine lemond fè yo rive, sinikman, *defè* lòd natirèl la yon fason ki *refasone* wòl, aktivite, dwa e desten fanm, nan mannyè pou yo vin jwe yon wòl enferyè, pou yo sèvi senpleman kou « sipò », kou objè seksyèl oubyen kou bijou ankadreman pou satisfaksyon bezwen egoyis, pwisans pèsonèl ak dwa providansyèl gason chwazi pou tèt pa yo. De Beauvoir montre ke lanmou menm se yon pwodwi eksplwatasyon, youn nan « atifis », pyèj, magouy gason klas dominan yo envante pou garanti pwojè kontwòl ak eksplwatasyon yo genyen pou rès limanite. An gwo, lanmou vin tounen yon kategori politik. Fò n di tou ke liv *« Dezyèm Sèks »* la te gen yon enfliyans sou non sèlman devlopman lide sou fanm, men tou sou yon seri de revandikasyon e zaksyon pratik ki ede chanje anpil pratik diskriminasyon kont fanm.

Relasyon mennaj e otonomi pèsonèl

Youn nan aspè ki te trè enpresyonan lakay de filozòf sa yo, se kouman yon rive konfòme vi prive, piblik e pèsonèl yo avèk filozofi politik yo t ap prekonize a. Konsepsyon yo sou lanmou oubyen relasyon mennaj, pa egzanp , gen yon nouvote parapò ak sa lòt moun te toujou kwè, esepte petèt filozofi Fourrier a osnon sa ki te rele *spiralism* la, diran XVIII-èm ak XIX-èm syèk ewopeyen an, ki li te mande pou yon liberasyon total de lanmou, de seksyalite e de obligasyon parantal. Konsepsyon Sartre ak de Beauvoir a gen yon dyalektik avèk de mouda : premye a di ke lanmou se yon ipokrizi sosyal ki baze sou yon relasyon e ideyoloji de « posesyon », de pwopriyete, kote bèl vizyon romantik e fantastik sou mèvèyman lanmou kache dèyè li yon itilizasyon « machandiz-nan-mache », yon pratik twokay, kote lanmou limenm vin tounen yon komodite, yon « mwayen echanj » nan sistèm kapitalis alyenasyon an. Dezyèm mouda dyalektik la se kwayans pwofon Sartre ak de Beauvoir genyen nan lanmou, santiman yo pou bèlte, atachman yo pou ideyal e kapasite *jenewozite* lanmou, sètadi sans *solidarite òganik*, men nan lamen, san nan san, respè ak respè, libète ak libète, ki ka ekziste nan relasyon fanm ak nonm oubyen tout lòt relasyon moun ak moun. Lè yo denonse sa yo rele a « simagri boujwa » nan fason klas dominan yo òganize (e beni) eksplwatasyon e objektifikasyon fanm pa gason, yomenm yo chache viv pwòp vi mennaj ant yomenm nan respè prensip sa yo te rele a « diferans ant *lanmou kontenjant*, sipèfisyèl, konsa-konsa, non-nesesè, e *lanmou otantik* », sètadi eleman fondamantal ki genyen nan yon relasyon ant de moun ki tout bon renmen e respekte lòt.

Sartre ak de Beauvoir kwè nan tout nanm yo ke san libète pa ka gen lanmou, e ke lanmou dwe repoze sou yon libète mityèl, youn parapò ak lòt, ki respekte libète ak otonomi dwa kretyen-vivan chak pati nan inyon an. Sispektasyon yo ke modèl vi fanmi, pratik seksyèl e mannyè relasyon fanm ak nonm ki enpoze sou moun jodia, se yon pyèj pou klas dirijan yo ka kontinye kontwole lavi moun pa « lòt atifis », fè yo konfòme vi mennaj yo nan respè prensip filozofik yo. Yo pa janm marye, ni fè pitit, ni abite ansanm ; men yo toujou rete fidèl youn anvè lòt sou sa yo rele a « aspè fondamantal, otantik » relasyon anmourez yo an. Kouwè lavi entelektyèl yo, ki toujou bati sou yon melanj solidarite, onètete, kouraj, jenewozite e respè pou lektè a, vi cheri-cheri ant Sartre ak de Beauvoir ret jiskalafen yon modèl onètete e yon mèvèyman relasyon nonm ak fanm. Natirèlman inyon sa a, kouwè tout lòt inyon, pa t pafè, e li te menm genyen pwòp tèt-chaje pa li : Simone de Beauvoir limenm pale de « dout » li pafwa genyen sou byen-fonde filozofi l la lè santiman li ap boulvèse li, pa egzanp diran yon sitiyasyon kote li t ap panse Sartre ta pral kite li pou yon lòt fi. E Sartre limenm tou endike plizyè fwa ke li pa t ap ka apresye e konplete vi li san prezans, bò kote l, de Simone de Beauvoir. Yo pase plis ke senkant ane ansanm, jiskaske youn antere lòt : Simone de Beauvoir te enkonsolab diran antèman Sartre ann avril 1980, menmsi lemond antye te voye reprezantan ak kondoleyans yo ba li.

An n di an pasan ke antèman Sartre te youn nan pi gwo antèman ki te janm chante nan tout listwa politiko-literè pèp fransè a. Moun te sot toupatou, jenès kou vyeyès, gason kou fi, pou te vin pote omaj bay Jean-Paul Sartre. Se kouwè w ta di tout moun te toudenkou reyalize ke nonm sa a, gason vanyan sila a, « konsyans lemond » lan pa p la ankò pou defye ipokrizi ak lachte entelektyèl ki anpare tout latè a e ke y'ap chache enpoze sou nou kou sèl reyalite politik e afektif ki posib. E se pa pa aza ke jodia ann Ewòp, apre Sartre, ideyal libète inivèsèl e absoli a, ideyal egalite total la, kouraj entelektyèl (e pèsonèl) pou lite kont yon bagay ke yon moun konnen ki pa bon, vin pèdi tout enpòtans li nan yon Ewòp ki jodia sèlman enterese nan objektifikasyon, nan machandizasyon kalite lavi moun, kote libète vin egal sekirite, bouzennaj vin tounen « lobbying » e kapitalism limenm vin idantifye ak demokrasi ! Yon mond kote libète vin vle di libète pou yon moun oubyen yon klas dominan eksplwatè kontinye eksplwate e deside de desten tout lòt moun.

Konklizyon : Lespwa nan yon mond ki ka e dwe chanje

Jounen jodia, plis ankò ke yè oubyen anvanyè, e lè nou wè grandisman karaktè sinik, imoral e san-kè opinyon mondyal la ap montre devan tribilasyon ak trajedi k ap boulvèse kondisyon lavi moun lakay majorite pèp nan lemond yo, wi jounen jodia, nou bezwen ankò lafyèv rebèl, lafyèv pasyon pou moun ak lavi, nou bezwen ankò entegrite, revòlt e jenewozite entelektyèl Sartre ak de Beauvoir te montre nan vi yo. Devan galopay rasism, iyorans e malveyans ki ap anpare sosyete oksidantal yo ; devan zonbifikasyon entelektyèl e parès moral ki pran tèt konsyans moun e ki fè yo ap jodia asepte, kouwè pa egzanp kounyea ann Ayiti, pou moun di yo ke okipasyon egal byenveyans, ke kout-ba, kout ponya ak kout zam se konpayèl demokrasi, e ke mistifikasyon, blòfay, magouyay, ekplwatasyon ak opresyon ka vin rele « èd pou devlopman », « pwoteksyon dwa moun » oubyen swadizan « defans demokrasi ak libète ». Wi, devan yon « lòd mondyal » ki jodia wè l nòmal pou milyon timoun ap mouri chak jou paske paran yo pa gen manje pou bay yo, paske yo pa gen aksè ak swen lasante ; nan yon mond kote tout moun rayi tout moun, kote moun ap toufounen, eksplwate, alyene, degrade, imilye e oprime lòt moun, paske yo kwè ke se sèl fason yo ka jwi lavi privilejye ak dwa sou lòt moun yo deklare pou tèt yo. Nan yon mond ki jodia ap pwouve verite konsèp « alyenasyon ak absidite » Sartre ak de Beauvoir te devlope a pou demontre tyouboum emosyonèl, vid espirityèl ak retadasyon moral ki pran tèt dirijan yo e ki fè yo kreye plis pwoblèm ak dezesperasyon nan zafè lavi moun, li klè ke nou manke e sonje anpil *prezans despri* de filozòf temerè sila yo. Nou sonje e bezwen klèvwayans yo, lisidite yo, je-klere kouplaj nonm ak fanm vanyan sila yo nan keksyonnman nou sou *kontenjans,* sou malsite, sou malvi e sou trajedi ki jodia ap dekonstonbre kalite lavi nou.

Simone de Beauvoir ak Jean-Paul Sartre gen yon enfliyans imòtèl, enperisab, inoubliyab sou alafwa konsyans mond la e epistemoloji (kalite e kantite konesans) politik mond la genyen sou limenm. Yo gen yon konpreyansyon trè apwofondi sou relasyon ant lavi e politik, e sou lyen kòd sere ki mare lonbrit yo. Se pa pa chans ke nan zèv de ekriven-filozòf tèt-chaje sila yo, lide libète, jistis ak revolisyon an ret yon lide nèf e yon ideyal ki vo lapenn pou moun defann jiska lanmò.

Lè yo te mande Charles de Gaulle, diran lagè Aljeri a, pou l fè arete Sartre, yon nonm ki t ap kreye pwoblèm nan tout jefò politik gouvènman de Gaulle la t ap mennen pou l manipile opinyon pèp franse a, misye deklare, avèk yon santiman reziyasyon, « yo pa ka arete Voltaire ! » Sa sèlman te montre enfliyans Sartre nonsèlman nan kan popilè a men tou nan kan dirijan franse yo. Sepandan, konparezon ki ta pi bon, se pa avèk Voltaire, ki te chache sove tèt li lè bagay yo pa t mache byen pou li, se de preferans avèk Jean-Jacques Rousseau ansanm ak Arthur Rimbaud, yon filozòf e yon powèt ki te gen prèske menm pasyon avèk Sartre : libète jijman e sansiblite anti-konfòmis. Apre eritaj katastwofik, apre maspinaj ak deblozay klas dominan eksplwatè yo nan kondisyon kalite lavi moun, nou dwe dakò avèk Sartre e de Beauvoir ke ideyal liberasyon an paka vrèman reyalize si nou pa wetire nan tèt nou konsepsyon tèt-gridap ak abitid ensekirite boujwazi dominan yo enpoze sou sivilizasyon nou an e ki anpwazone dwa tout moun genyen nan lavi.

Natirèlman si nou gade keksyon an sou yon plan senpleman *fenomenolojik* (verite kache nan bagay chak jou, nan *imedyatete* lavi), nou ka di pa gen ankenn rapò pratik ant, yon kote, deklarasyon libètin filozòf egzistansyalis yo, patikilyèman Sartre, de Beauvoir, Camus, Merleau-Ponty, Nietzsche, Husserl, Heidegger, e yon lòt kote, kondisyon lavi konkrè, pratik, reyèl, yon peyizan ayisyen, yon chomè endyen oubyen yon moun ki pa gen kote pou l dòmi ap andire. Men si filozofi sila yo ka devwale kouman pouvwa, pwisans, atifisyalite, santiman gwokòlèt e alyenasyon fonksyone, yo te deja montre anpil bagay ki ka pote limyè sou kouman e sa ki fè ke sèten moun ap viv nan lajwa dousè lavi kan gen lòt k ap viv li kou yon lavi lanfè. Revolisyon posib lè konsyans moun detekte verite sa a e chache ale jouk nan bout « chan posiblite » lavi bay tout moun pou chanje lavi.

(Boston, 1995)

Yon liv antoloji Pòl Larak :
« Œuvres Incomplètes »

Yon powèt nan Nouyòk

Pòl Larak (Paul Laraque) pibliye nan mwa avril 1999 la yon antoloji tout zèv pwetik li nan lang fransè sou tit, *Œuvres Incomplètes*, edisyon CIDIHCA.

Liv la gen 330 paj e li kouvri plizyè epòk nan pwodiksyon pwetik Larak : Apati de sa frè li, Frank Larak, ki prefase liv la, rele « epòk tantasyon sireyalis », an pasan pa epòk « opsyon marxis » la, jiska epòk « dènye sezon » an. Chapit ki titre *« La dernière saison »* an, ki konpile tèks misye ekri nan dekad ane 1990 yo, se yon sòt « koudèy entrospektif e retrospektif » misye voye sou vi li e dewoulman istorik lit, katastwòf ak espwa pèp ayisyen an. Ti powèm kout (1992) ki rele *« Que reste-t-il »* la devwale prèske tout Larak :

> *Sur les débris du songe*
> *triomphent crime et mensonge*
> *l'espoir crucifié*
> *la flèche au cœur de la liberté*
> *que reste-t-il*
> *de notre avenir*
> *sinon ressusciter*

> *Nan debri rèv nou tounen*
> *krim ak manti triyonfe*
> *espwa sakrifye sou lakwa*
> *flèch pyese kè libète*
> *ki sa ki rete*
> *pou avni nou*
> *si se pa resisite* (tradiksyon pa nou)

Piblikasyon antoloji a vini nan yon moman trè difisil nan vi prive Pòl Larak. An novanm 1998, misye te pèdi madanm li, Marcelle Pierre-Louis, ki te gen ti non jwèt « Mamour ». Mamour te trepase apre de zan doktè te dyayostike kansè nan li. Koup la te ansanm depi karant-tuit tan, maronnen youn ak lòt nan peyi lakay kou lòtbò dlo. Lè w te wè yo ansanm, menm nan koumansman vyezaj yo, ou ta di se te de ti jèn pijon ki t ap viv lanmou nan sezon prentan. Apre legzil koup la e debakman yo nan Etazini, Marcelle te vin yon fonsyonnèz nan ONI (Òganizasyon Nasyon Ini).

Kontrèman ak powèt-revandikatè mari li, ki ap toujou panse ak lit pèp e rele pou revolisyon, Marcelle te yon moun trè senp, ke w pa p tande pale de li, men ki ap fè travay yo mache korèkteman. Li te poto-mitan fanmi an, « baton vyeyès » Paul, daprè Max Manigat, jiskaske maladi kansè atake l an 1996. Natirèlman, Larak te enkosolab. Pou l te sipòte lapenn li, li ekri nan *Haïti-en-Marche* yon temwayaj sou « Mamour » ki se youn nan pi bèl memoryal yon vèf ka fè sou lanmò madanm li : *« Toi qui fus en Mars celle qui m'a délivré. »*

Youn nan gran merit antoloji a se lefètke li mete tout zèv pwetik an fransè Larak nan yon sèl sak ; men sa kite tou yon ti gou anmè nan bouch, paske nou ta renmen wè anmenm tan an antoloji zèv an kreyòl misye ansanm ak lòt ekri politik misye (ke editè yo anonse pou yon lòt tan e se sa k fè yo rele antoloji a « Zèv enkonplè »). Nan prefas Frank Larak la, misye kapte esans Pòl Larak kan li di anpil moun admire « la permanence de l'intégrité et du patriotisme de Paul ». Frank karakterize lavi Pòl tankou yon « double dépassement : dépassement poétique et dépassement idéologique ». Depasman ideyolojik la vle di jefò Pòl fè pou li ale kont enfliyans milye boujwa li te leve a ; depasman pwetik la limenm, se kominyon souf pwetik misye avèk ideyal libète nan revandikasyon popilè yo ; kouwè Frank di, lakay Pòl « demeure entier le droit à la création sans aucun contrôle bureaucratique de leaders en mal de pouvoir absolu et tyrannique ». Frank panse ke enfliyans ekriven revolisyonè kouwè André Breton, Jean-Paul Sartre, Jacques Roumain oubyen Frantz Fanon anpeche marxism lan vin tounen yon « dogm rijid k ap asepte vyole dwa moun ».

Rosemary Manno, ki tradui liv bileng misye a, *Camourade* (1988), pran Larak pou youn nan pi gran powèt k ap viv ; e lè mwen te mande Jack Hirschman, yon gran powèt meriken tradiktè pwezi kreyòl ki prefase liv *Camourade* la, sa li panse de Larak, Hirschman reponn menm bagay li di nan prefas la : Larak se youn nan pi gran powèt ayisyen e etranje k ap viv. Misye ap viv la a, nan Queens, Nouyòk. Kisa ki fè donk non Larak pa sou bouch tout moun kouwè non « Sweet Miky », Tino Rossi, Victor Hugo oubyen Frank Sinatra ?

N ap viv jounen jodi a nan yon tan antwopològ yo rele yon tan « memwa tronke », sètadi se bagay bonmas medya gwo peyi kapitalis yo ban nou ke nou pran pou bagay ki gen enpòtans. Selon mistifikasyon sa a, pèp ayisyen an ka tande pale de Madonna, Frank Sinatra, Michael Jackson, Brigitte Bardot, Monica Lewinsky oubyen O.J. Simpson, men yo pa gen ankenn ide kiyès Pòl Larak, Félix Morisseau-Leroy oubyen Cauvin Paul ye.

Premye fwa mwen rankontre Pòl Larak se te nan Nouyòk, an 1977, nan yon fèt komemorasyon swasantdizyèm ane nesans Jacques Roumain. Jou sa a, misye mawonnen konesans li de Roumain ak konesans dyalektik istorik marxis la nan yon pasyon pwetik ki rann sal la tranble ak aplodisman. Sa ki te tou remakab nan prezantasyon misye a, se lefètke li plase bèl diskou istorik la nan kontèks sa ki t ap pase nan tan komemorasyon an, sètadi opresyon pèp ayisyen an t ap sibi sou diktati krazezo divalyeris la, ke l te denonse ansanm avèk konplisite enperyalism meriken e fransè nan sistèm malsite a.

Nan yon pòtre literè mwen ekri sou misye nan *Haïti-Progrès* an 1984, mwen pale de li kou youn nan gwo gladyatè literè ventyèm syèk la, sou menm pyedestal kouwè Mayakovsky, Jacques Roumain, Jacques Stephen Alexis, Aimé Césaire, Pablo Neruda, Jean Brière, Félix Morisseau-Leroy, Paul Eluard, René Dépestre, Nicolás Guillén, Langston Hugues, Louis Aragon, René Bélance, elatriye. Pou yon moman Larak te antre an kontak avèk gwo palto mouvman pwetik sireyalism lan, Ezra Pond, André Breton, Paul Eluard. Diran vwayaj Andre Breton ann Ayiti an 1946, Breton te enpresyone pa raj revolisyonè powèm Larak yo. Li ekri misye pou li di l « mwen renmen powèm ou yo e mwen gen lafwa nan ou ». An 1979, Larak te resevwa Pri La Casa de las Americas pou powèm li yo *Les armes quotidiennes / Poésie quotidienne*. Pri sa a se pi gran pri literè nan Kiba sosyalis ; nan yon lèt Haydée Santamaria, yon konpayèl Fidel Castro nan Moncada e nan Sierra Maestra, ekri misye li lwanje zèv la kou yon zèv « *pleine de valeurs humaines et artistiques* [qui] *ouvrira de nouvelles perspectives pour l'interéchange qui nous unit à toute la région caraïbéenne* ».

Pòl Larak koumanse pibliye pwezi depi lè li te yon ti jèn jan nan Jeremi, « *ville de lune et d'ouragans entre la montagne et la mer* (...), *ville martyre livrée aux couteaux des tueurs à lunettes noires* ». Jèn ofisye nan Lame d Ayiti nan zane 1950 yo ; li te itilize non-de-plim « Jacques Lenoir » pou l te ka kamoufle kritik li sou opresyon ak enjistis pèp la t ap sibi anba sistèm eksplwatasyon an. Genyen moun ki keksyone lefètke Larak te yon ofisye siperyè (kolonèl) nan lame malouk la ansanm ak wòl li antanke kapitèn diran epòk kritik 1956–1957 la. Gen kèk movèz-lang ki menm ensinye, pou yo difame misye, ke Larak te yon ti jan ta reskonsab de lanmò Jacques Stephen Alexis paske li te nan lame divalyeris la. Alòske verite keksyon an sèke Larak te gen tan retrete nan lame a (fen novanm 1960) e te deja menm ann egzil nan Pòtoriko kay René Bélance (mas 1961) kan Alexis debake nan Mòl-Sen-Nikola ak kat kanmarad li an mi-avril 1961 pou l mennen lit ame kont rejim la ; kèk jou apre asasen divalyeris yo kaptire mesye yo e touye Alexis (22 avril 1961) ansanm ak lòt yo.

Sou keksyon kriz politik ki te tabli nan peyi a diran evennman 25-me 1956 yo, yon kriz ki te atize pa rivalite ant fòs maglwaris, jumelis, dejwaris, fiyolis e divalyeris nan sen lame a (Armand, Cantave, Kébreau, elatriye), Larak di li pa t pran pozisyon pou ni youn ni lòt paske li pa t wè ankenn nan yo te adrese koz fondamantal kriz la : ki te lit ant klas dominan yo pou mentni e kontwole sistèm opresyon anti-pèp ki ekziste a. Diran grèv etidyan nan ane 1960 lan, gen rimè ki te sikile grevis yo te gen senpatizan nan lame a, e tout moun te konnen Larak te youn ladan yo. Li te gen zanmi pami etidyan grevis yo ke l te konn frekante pèsonèlman. Rossini Pierre-Louis, ansyen depite Benè, ke Divalyeris yo te akize de trayizon, se tonton madanm misye. Larak di li deside pou l pran legzil apre arestasyon Rossini Pierre-Louis ; li te vin yon kat make.

Larak di nou lapenn li sèke menm lè li te ofisye siperyè nan lame a, prèske tout asiyman li se te travay sou biwo ; li pa t gen kòmandman ankenn detachman ame. Sa te rann li difisil pou l te enfliyanse evennman yo, menm lè senpati li te pou opozisyon an. Kontradiksyon sa a vin ranfòse konfli avèk pwòp tèt li, sitou lè l reyalize li se sèlman youn nan « zwazo ra » nan lame a ki pa konronpi pa pouvwa. Sitiyasyon sa a, plis mefyans diktati divalyeris la anvè li, deside l asepte òf retrèt lame ba li a, e pran legzil.

Kèlkeswa difamasyon dilatwa reyaksyonè yo ka simayen sou wòl Pòl Larak nan Lame d Ayiti, e kèlkeswa erè li oubyen frè l Frank Larak te ka komèt, nou vle lese keksyon an bay listwa ak istoryen yo pou yo jije. Sa noumenm nou konnen ki sèten e ki eksplike admirasyon nou pou de frè yo, sèke yo toujou kenbe yon pozisyon djanm, konsekan, pro-popilè, sou tout kriz politik ki konfronte pèp la diran karant dènye ane ki sot pase yo. Nan yon sans, powèt angaje ak militan Larak pran lepa sou ofisye-pasif Larak. Finalman, akoz pozisyon kritik (ansoudin) misye sou etadchoz madyòk nan peyi a, gouvènman Divalye a te pouse l nan legzil. E depi lè sa a misye kenbe djanm pami militan enbatab nan Dyaspora a ki kenbe flanbo pwotestasyon « pou lavi chanje » ann Ayiti.

Diran prè karant zane jouska jounen jodi a, misye, ansanm avèk frè li Frank Larak (yon ansyen ofisye lame, kounyea pwofesè nan Inivèsite Nouyòk, otè yon esè, *La Révolte dans le Théâtre de Sartre* e yon trete ekonomi politik, *Défi à la Pauvreté*), ap mennen yon travay politik de mouda : youn se sa nou ka rele travay akademik ak literè a, ki se yon travay edikasyon ak konsyantizasyon pou fè zonbi goute sèl ; lòt la se yon travay *angajman dirèk,* yon *praxis konba pratik,* avèk yon optik revolisyonè, nan travay k ap mennen chak jou pou kontrekare, demantibile e chanje sistèm eksplwatasyon ak opresyon pèp ayisyen an e lòt pèp peyi tyèsmond yo ap sibi. Pandan plizyè dekad jouska jounen jodi a, de frè sa yo depanse enèji yo nan yon militans politik dinamik pou koz yo rele a « Dezyèm Endepandans » peyi d Ayiti. Yon lòt frè yo, Guy Laraque, yon gran powèt romantik, te asasine pa rejim militè fachis la diran peryòd koudeta anti-Aristid la.

Anvan e apre lanmò Marcelle, Larak te pase tan li ant ekri pwezi, òganize zèv li, entimite avèk pitit-pitit li e entèvansyon detanzantan sou keksyon literati ak keksyon politik k ap konfwonte epòk la. Misye ekri yon pakèt zèv literè, pwetik e kritik, men malerezman gen sèlman yon ti trokay zèv li ki konnen nan ti piblik letre a, pami yo *Fistibal / Ce qui demeure / Les Armes quotidiennes / Solda Mawon / Camourade.* Epitou, malgreke zèv sa yo koni nan Kanada, nan Kiba, an Frans e Ozetazini, yo pa koni nan pami pèp la ann Ayiti. Nou espere sòti ann antoloji zèv Larak yo ap vin konble vid sa a.

Yon jou diran maladi Marcelle la, mwen mande Pòl kouman li ak Marcelle ap boule e sa li panse de pwòp mòtalite li, misye reponn an sitan Morisseau-Leroy ki te di l gran powèt ak gran batisè-batisez nan lemond yo ka « imòtèl » men yo pa « enmourab », eke l itilize dizon sa a pou l simonte pwoblèm pèsonèl li—« mourabilite » li—menm jan li abòde pwoblèm Ayiti, sètadi menm lè *reyalite* pwoblèm yo ta vle pouse l nan dezespwa, li kenbe espwa l djanm nan posiblite chanjman e nan rèv li ke lavi ka pi bèl. Li di sa ba l fòs pou l kontinye viv chak jou, apresye sa ki bèl nan lavi e kenbe konba a. Ane 1999 la fè Pòl Larak 79 van. Li reyisi jounen jodia yon eksplwa, yon fè ki ra nan istwa politik ayisyen : kote yon nonm kenbe konviksyon ideyolojik li djanm jiska laj 79 van—malgre tout chanjman konjonkti istorik yo, kote li viv denonsyasyon anti-stalinis Koutchyèv yo, demolisyon Inyon Sovyetik, pas difisil Kiba, espwa 7-fevriye 1986 e eleksyon Aristid te pote, e trayizon aspirasyon popilè a.

Pwezi e konsyans kritik nan zèv Larak

Nou ka karakterize zèv Pòl Larak kou yon jefò wonga alchimis pou marye bèlte atistik pwezi avèk konsyans kritik sosyal, sètadi bouyi souf emosyon l ansanm avèk konviksyon l pou tabli mèvèyman lavi nan sans pwojè liberasyon nasyonal pèp ayisyen an. Sa ki remakab tou ka Larak, e kontrèman avèk anpil lòt powèt ki rele tèt yo angaje, misye pa sakrifye bezwen mèvèyman souf pwetik la sou lotèl koz politik la : li fè yo jwenn ansanm-ansanm nan yon men-kontre dyalektik ki rann yo difisil pou youn viv san lòt.

Kouwè majorite ekriven ayisyen, Pòl Larak te prensipalman ekri an fransè ; men kontrèman ak majorite ekriven ayisyen jenerasyon li, li fè anpil jefò pou l ekri *tou* an kreyòl ayisyen, ekzatteman apati ane 1970 yo. Kou nou ka wè nan powèm nou pral site la yo, misye ekri nan yon fransè kòrèk ki gen enfliyans sireyalis nan plizye touni, men ki kenbe souf sansiblite latino-ameriken an yo rele « reyalism mèveye » a, ansanm avèk yon orijinalite nou ka rele « larakyen ». Nan powèm « Glèbe » e « La porte ouverte » ki pibliye nan liv bileng *Camourade* (tradiksyon anglè pa Rosemary Manno, 1989), Larak leve bèlte atistik ak keksyonnman egzistansyèl pwezi li nan nivo gran powèt literati mondyal la. An n site nan powèm « Glèbe » la :

Conspiration des éléments
La pluie met à nu
L'os que blanchit le soleil
Sur le ciel haut
Pur comme un défi
L'homme noir jette sa voix
Clameur de vent
Ma sympathie résonne des protestations
Qui éclatent l'heure
Echo de mille lambis
Sauvés du grand silence blanc des lointains (…)

Lanati konspire
Lapli dezabiye
Zo solèy la blanchi
Sou plafon syèl la
Kon yon defi san malis
Nèg ginen leve vwa l
Van k ap rele anmwe
Senpati m rejwi nan pwotestasyon
K ap fè tout lè rete
Eko mil lanbi k ap sonnen
Kont silans blan nan peyi pèdi (…) (tradiksyon pa nou)

Larak louvri powèm « La porte ouverte » la pa yon vè ki eklate ak pwezi :

le glaive de feu a transpercé la nuit
et celui qui vient du cœur ténébreux de la terre
écarte doucement le lour rideau des ombres
la lumière se lève comme l'herbe dans les prés (…) »

« *Epe dife a dechalbore lannwit*
temerè a ki soti nan kè tenèb latè
pouse douseman gwo rido lonmb yo
pou solèy la leve kouwè zèb nan preri (…)
(tradiksyon pa nou)

Misye fini powèm lan pa yon metafò ki rekreye mèvèyman an, sètadi maryaj kosmik ant dans nibo ak pwezi siro-myèl ak konsyans sosyal nan yon alawonnmannan :

mon rêve a pris racine dans le sol du réel
et ma voix pour t'aimer parle à l'univers (…)

rèv mwen se rasin zantray lavi
e vwa m mande linivè pou l ban mwen men ou (…)
(tradiksyon pa nou)

Nan powèm « Une seule voie », dedye pou memwa Jacques Roumain, misye di :

tu me dis liberté
je vois cooperatives et charrues
usines et syndicats ouvriers
l'eau qui coule dans les champs
le peuple gagnant les rues
des écoles pour nos enfants

je vois la ville tendre au village
un bras nu comme un visage
une à une
les campagnes s'allument (…)
(Revue Optique, août 1955)

ou nonmen non libète
mwen wè koumbit ak machin agrikòl
izin ak sendika ouvriye
dlo k ap koule nan chan
pèp ki desann nan lari
lekòl pou tout timoun

mwen wè vil la lonje bay vilaj la
yon ponyèt drese kon yon vizaj
youn apre lòt
tout kanpayn yo limen (...)
(Revi Optique, dawout 1955, tradiksyon pa nou)

Nan yon lòt powèm, « Le sable de l'exil », pibliye nan revi *Actes* an 1983, Larak abòde keksyon egzil konpatriyòt ayisyen yo avèk sa nou ta ka rele yon « pasyon tris » sou peripesi Ayiti :

île abandonnée
sur les ailes écumantes des ouragans
chevaux affolés de l'apocalypse
les radeaux branlants de l'espoir
emportent tes enfants hallucinés
vers les nouvelles rives du malheur (...)

yo abandone zile a
sou tèt zèl plen limon ouragan
chwal nan laperèz apokalips
kanntè k ap degrenngole ak lespwa
ki vire je pitit zile a nan jebede
nan nofraj sou nouvo plaj malè (...)
(tradiksyon pa nou)

Nan tristès Larak douvan « sab legzil » pèp ayisyen tonbe a, misye lonje dwèt sou Ayiti pou l di li « gen ase » de tout « *rat mizè w yo / move-jan laperèz ou a / koulèv maji ou a / kòbo dezespwa w la / krapo malswen reziyasyon ou an / krab k ap devore n nan legzil* ». Se domaj, nan powèm sa a, Larak mete lwa vodou yo nan kategori malediksyon « *ki lese anprent yo sou pousyè lavi m* ». Men sa te konpreyansib nan kontèks kolè ak rejetasyon total legzil fè misye resanti sou tout sa ki pa t prevni degrenngolay pèp ayisyen an nan « *fwontyè ak lanmè / kouri kou moun fou de lanfè ak lanfè* ». Sepandan Larak pa nonm k ap kite dezespwa fin pran lepa sou lespwa. Nan fen powèm lan, li mande pou « *kolè vin sekwe / (…) tout vètij epòk asasen yo / sou tè revolisyon vin lave / k ap fleri pye bwa nouvo sezon an* ». (tradiksyon pa nou) Kouwè nou di piwo a, Pòl Larak ekri tou an kreyòl ayisyen. Se domaj nou pa gen anpil travay misye an kreyòl ; men li gen admirasyon nou pou lefètke li se youn nan ra ekriven jenerasyon li ki wè enpòtans pwodiksyon kreyòl ekri nan literati ayisyen. Li gen de liv li ekri toutantye an kreyòl, *Fistibal*, 1974 e *Solda Mawon*, 1987. Genyen tou yon *Fistibal 2* ki se yon edisyon bileng (kreyòl-angle) ki tradui ann anglè pa Jack Hirschmann. An n site powèm « Larenn Solèy » tire nan *Solda Mawon* :

> *larenn solèy leve*
> *m mande kote l prale*
> *solèy pa fanm*
> *solèy pa gason*
> *li gason*
> *lè li konpè jeneral solèy*
> *li fanm*
> *lè li larenn solèy (…)*
> *solèy fèmen je l*
> *pou n sa reve*
> *solèy louvri je l*
> *pou n sa kanpe*
> *pou kò n li pote chalè*
> *pou lespri n li pote limyè*
> *Larenn solèy leve*
> *nou konn kote l prale (…)*

An n site powèm titre « Solda Mawon » an :

> *Lè Blan fin touye Endyen*
> *Lè Blan fin touye Afriken*
> *Nèg kòmanse touye Nèg*

m kontre ak Moyiz neve Tousen
ke Tousen li menm touye
m kontre Chal ak Sanit Bèlè
ke Desalin touye
m kontre ak Desalin
ke Kristòf ak Petyon touye
m kontre ak Chalmay Peralt
ke Konze ak Yanki yo touye
m kontre ak Benwa Batravil
ke jandam meriken ak ayisyen touye
m kontre Aleksi ak Brison
ke Divalye ak Meriken touye (…)
sa ki konte
se batay esklav kont mèt
boule kay koupe tèt
se batay tout esplwate tout koulè
kont tout esplwatè sou latè (…)

An n site tou « Tanbou libète » yon powèm misye ekri
an 1993, dedye pou otè pwofil sa a, ki tradui ann anglè pa
Hirshman sou tit « Liberty drum » :

Men n ap bat tanbou
men n ap frape solèy
dwèt nou se bagèt
chak kout tanbou se limyè
van ap soufle
loraj ap gwonde
chak kout tanbou se zèklè (…)

tanbou loraj ap gwonde
tout nèg mawon kanpe
tout fanm vanyan ap danse
tanbou sila a
se dife lan chan kann
tanbou sila a
se tanbou revolisyon
se tanbou
libète.

Si pwisans pwetik powèm sa yo diferan de anpil lòt powèm Larak, e si ou wè li gen yon ton « didaktik » se pa ekriti kreyòl la ki koze l—dayè ekriti a trè bèl e senp—sa ki rann powèm yo si « mesajik », se ekzijans konjonkti politik la an 1987, kote rejim fachis militè Henri Namphy a te kontinye ap masakre pèp la nan lit pou demokrasi ak jistis sosyal nan peyi a. Larak te mande pou nouvo « solda mawon » yo vin pran plas Espatakis, Kaonabo, Anakaona, Makandal, Boukman, Oje ak Chavàn, Tousen, Desalin, Peralt, elatriye, pou kontinye revolisyon an. *Solda Mawon,* se yon powèm « zam konba dirèk », yon powèm pou konfrontasyon, yon powèm pou lagè revolisyonè. Powèm « Tanbou libète » a, pibliye nan revi *Tanbou* an janvye 1994, te ekri nan moman menm poutchis-dappiyantis FRAPH yo t ap masakre pèp lavalas la. Pou Larak pwezi pa gen wòl li nan lavi si l pa ka sèvi tou, lè moman an ekzije l, kou yon bayonèt ak lank. An n remake tou kouman anpil powèt nouvèl jenerasyon an, patikilyèman nan literati kreyòl nan Dyaspora a—kou pa egzanp Denizé Lauture, George Castera Fils, Patrick Sylvain, Maude Heurtelou, Kiki Wainright, Nounous, Kwitoya, Berthony Dupont, elatriye—ap kontinye pwojè maryaj pwezi ak libète Larak chante e sakre nan tout zèv li.

Max Manigat se òganizatè-editè prensipal *Œuvres Incomplètes* la. Li jwenn avèk kèk kanmarad kou Jack Hirschman, ansanm ak près CIDIHCA pou mete li deyò. Oganizatè yo te oblije fè yon vant solidarite ann avans pou finanse depans yo. Fòk nou di tou, sa fè mal apre prèske de san zan lendepandans, Ayiti pa gen enfrastrikti edisyon, pwodiksyon e sikilasyon pou ankouraje ekriven yo (oubyen tout lòt atis ayisyen yo) pwodui zèv yo san ke nonsèlman lajan an pa sot nan pòch yo—ki souvan pi apovri yo—men sitou ki pote pwofi pou yo.

Nan yon sosyete ki si alyene nan povrete, eksplwatasyon, soudevlopman e zonbifikasyon ; nan yon epòk ak « sivilizasyon » kote yo vle fè nou pran kaka chwal pou gato, kote tout sa nou adore, ki fè nou byen oubyen ki anbeli lavi nou vin devalorize nan sistèm bonmas kapitalis la ; nan yon depèdisyon generalize kote lavi limenm se yon peripesi, kote eksplwatè yo vle dezimanize majorite espès imen an, jefò pou konsèvasyon e pwopagasyon zèv liberasyon lespri ak idantite nasyonal pèp yo se yon zam konba ki trè estratejik.

Kouwè Pòl Larak kontinye di, pwojè pou Dezyèm Endepandans peyi d Ayiti a se yon pwojè total-kapital ki ekzije pou goumen an mennen sou tout diferan fwon pwoblematik opresyon an montre fas li. Pwojè liberasyon an mande pou pèp la kenbe pèsevere defann nanm je-klere li, sètadi goumen pou dwa nonsèlman pou l gen manje pou l manje ak kay pou l abite, men tou dwa pou l manifeste idantite esans sa l vle, sa l kwè e sa l ye. Se youn nan pi gran viktwa yon pèp ka konkeri.

(Jen 1999, Boston)

Sou langaj ak idantite

Èske ou ka fonde yon idantite nasyonal lengwistik oubyen kiltirèl nan yon relasyon dominasyon yon lang pa yon lòt ? Nan premye chapit liv mwen *Critique de la francophonie haïtienne* ki titre « Pwoblematik la ak istorik li », mwen montre foste ki kache dèyè idantite « frankofòn » yo kole sou non Ayiti ansanm ak ekriven ayisyen ki ekri an fransè. Nan ka Ayiti, ekspresyon « peyi frankofòn » oubyen peyi ki fè pati de « Frankofoni » ki pretann Lafrans se « manman patri », yon pwisans bon samariten, ki pwoteje w e ki ap pote ba w « inivèsalism », se yon jebede, yon mistifikasyon. Reprezantasyon romantik yo fè de Lafrans ansanm ak kilti fransè a kòm swadizan yo se faktè ki lejitime lòt pèp, se yon wonga poud-nan-zye klas dominan Ayiti ak Lafrans yo met sou pye pou kontinye yon sipè-reyalite neo-kolonyal (nan sans marxis de yon sipè-estrikti) ki la pou mentni yon Ayiti endepandan sou dominasyon.

Anplis, nou rejte avèk fòs nosyon ke ou ka fonde idantite nasyonal yon peyi—keseswa yon idantite politik, etnik oubyen lengwistik—apati de senk ak dis pou san de popilasyon peyi a. Se kòm ou ta rele Etazini yon peyi « espayofòn », « sinofòn » ouswa « arabofòn » paske gen yon minorite fò nan popilasyon l lan ki pale espayòl, chinwa oubyen arab. Se kouwè Yves Dejean di : « Pa gen ankèt ki pèmèt nou wè vrèman konbyen moun ann Ayiti k ap babye ann anglè e ann espayòl sèlman ap degaje yo nan lang sa yo, oubyen pale yo kouramman. Men ankenn obsèvatè ki gen bon sans pa p ka deklare lang pèp ayisyen an se anglè, espayòl oubyen fransè, sof nan dènye ka fransè a kote yo jwe sou yon konfizyon ant yon lang ou batize ofisyèl e legal daprè volonte yon ti ponyen de sitwayen (Konstitisyon 1918 la, Atik 24 ; e sa 1987 la, Atik 5) e yon lang tout moun ki fèt e elve ann Ayiti pale (7 a 8 milyon). [tradiksyon pa nou de fransè][1] »

Se sèl yon reflèks neo-kolonyalis ki ka esplike deziyasyon Ayiti ak ekriven ayisyen yo ki ekri an fransè antanke « frankofòn » olyede « kreyolofòn » kan ou konnen nonsèlman totalite popilasyon ayisyen an pale kreyòl, men tou plis ke katrevenkenz pou san ekriven ayisyen ki ekri an fransè pale kreyòl kòm lang matènèl yo pale nan lavi chak jou.

Natirèlman, itilizasyon yon lang nan limenm pa bay idantite, men ou pa ka gen yon idantite literè ou lengwistik otantik nan yon sitiyasyon kote lang matènèl yon pèp oubyen yon ekriven entèdi, devalorize oubyen siprime. Idantite se pa tou yon senp deziyasyon oubyen idantifikasyon avèk yon reprezantasyon senbolik dominan. Li dwe genyen tou sa Jean-Paul Sartre rele yon « otantisite », sètadi yon estaj nan konpletid yon kretyenvivan k ap viv libète l nan chwa li genyen.

Epitou, nan sans kache tèm « frankofòn » lan, li siyifi non inikman yon moun ki pale oubyen ekri fransè, men tou yon antite lengwistik, kiltirèl e politik ki patisipe nan pwojè ejemoni kiltirèl e jeo-estratejik peyi Lafrans. Li siyifi adezyon nan « mission civilisatrice » neo-kolonyalis Lafrans, nostalji anvè glwa pase li, fwa nan yon kilti « klasik » siperyè, antouka, poze l kou yon altènativ, yon lòt « pèspektiv kilti » pou kontrekare itilitarism, materyalism ak globalism kilti dominan anglo-saksonn lan[2].

Lang yon pèsonn* oubyen yon pèp se pa sèlman bann son, siy, imaj e enfleksyon vwa ; li se tou e sitou *reprezantasyon* de fonksyon, ran, klas oubyen pouvwa moun lan oubyen pèp lan ekzèse nan relasyon endividyèl, sosyal oubyen entènasyonal li genyen ak lòt moun oubyen ak lòt pèp.

Fondman teorik ak presedans

Tankou Jenèz Labib montre, saj ak mistik nan Loryan yo te deja dekouvwi sekrè relasyon dyalektik ki genyen ant langaj, pèsepsyon e konesans. Plis ke yon senp manifestasyon fizyolojik e sansoryèl, langaj gen yon alterite ontolojik, plizyè dimansyon absoli : li ka di bèl pawòl pou lapè, oubyen tou pou lagè, li ka deklare lanmou oubyen simen lapenn, li ka chante lespwa oubyen yon konsepsyon sinik sou lavi, elatriye. Kidonk langaj ka yon avantaj oubyen yon pyèj, yon afimasyon oubyen yon alyenasyon.

Nan liv li ki rele *Langaj e konesans*, filozòf Adam Schaff site Johann Gottfried Herder (1744–1803) ansanm ak Wilhelm von Humboldt (1767–1835) nan rechèch li pou li jwenn yon teori konsistan sou langaj ansanm ak « wòl aktif e fòmatè li jwe nan pwosesis konesans moun ». Misye te pi patikilyèman enterese nan sa Herder vle di lè li di « sistèm lang nasyonal yon pèp fòme vizyon sou lemond manm nasyon an genyen ». Schaff site tou Humboldt ki di « genyen nan chak lang yon vizyon mond la ». Misye di : « Tout fason sijektif nou wè objè yo pase nesesèman nan jan nou chapante e itilize langaj. (…) Kouwè nou konnen sijektivite toujou makonnen ak yon pèsepsyon objektif, nou ka deja konsidere, endepandan de lang lan, tout endividyalite imen tankou yon pwendevi pwòp pou yon vizyon sou mond lan. Men vizyon sa a vin ranfòse pa langaj, paske koulyea mo a limenm vin tounen yon objè parapò avèk nanm moun lan, e li vin pote yon patikilarite siplemantè ki distenge l de sijè a si tèlman ke gen twa bagay ou wè nan konsèp lan : anprent objè a, fason sijè a resevwa li, e efè mo a pwodui antanke son lengwistik. Efè sa a mo a pwodui a nesesèman domine nan chak lang pa yon analoji konstan ; e kou nou konnen tou nan chak nasyon gen yon sijektivite omojèn ki deja ekzèse aksyon li sou lang lan, kidonk genyen nan chak lang yon vizyon sou mond lan. (…) *Divèsite ant lang yo se pa divèsite son ak siy, men yon divèsite ant diferan vizyon sou mond lan.*[3] »

San reponn yo konplètman, Schaff poze tout keksyon enpòtan ki jwenn ak dyalektik relasyon ant langaj ak idantite, jan relasyon pote-m-m-pote-w yo genyen youn ak lòt : « Eske yon sistèm lengwistik detèmine enfliyanse yon fason defini pèsepsyon ak konesans ? Si wi, nan ki pwopòsyon sa rive ? » Schaff mande. Misye anplifye keksyon sa a ak de lòt nan menm liy ide a : « Eske fason yon moun pèsevwa mond lan endepandan de fason li panse, kidonk sistèm lengwistik done *nan ki* moun lan panse a ? Eske 'fè brit', fè ki ekziste nan yomenm vrèman ekziste nan eksperyans, nan sans endepandans sansasyon parapò ak lòt eleman vi mantal yon moun, pi patikilyèman langaj ? Si langaj enfliyanse pèsepsyon, pakonsekan totalite konesans imen, eske sa pa vle di diferan sistèm lengwistik bay diferan pwosesis konesans ? Eske sa ka diferansye 'vizyon natirèl sou mond lan' sosyete a bay tèt li an menm tan l ap anseye manm sosyete a yon lang ?[4] »

Sa ki vrèman enterese nou koulyea, se pa rezoud deba sou relasyon ant langaj avèk panse e konesans, men jan de dega yon lang yo prete w oubyen yon idantite lamayòt, fiktif (fiktif nan sans idantite « frankofòn » yo bay Ayiti a) ka genyen sou ekilib mantal ak otantisite idantitè yon endividi oubyen yon nasyon. Edward Said, ki ekri anpil sou pwoblematik dominasyon kiltirèl ant kolonize ak kolonizatè, pa di anpil sou faktè langaj nan troma ak lapenn fè kolonyal koze. Nan liv li *Kilti e enperyalism,* yon liv trè enfliyan, Said pa konsakre ankenn chapit sou pwoblematik langaj, ou ta menm di li pa ekziste ; li plase li de preferans nan kad jeneral dominasyon kiltirèl enperyalis : « Gwo lekòl kolonyal yo, pa ekzanp, Said di, te konn anseye a plizyè jenerasyon boujwazi natif-natal verite enpòtan sou listwa, lasyans e kilti. Yo tire de ansèyman sa yo konesans fondamantal sou lavi modèn, sepandan yo rete tèt soule e depann de yon otorite ki baze andeyò de yomenm. » Said di « ekriven post-kolonyal » yo (yon tèm nou pa trouve ki kòrèk) gen pou devwa pou yo « konsève pase yo » e anvizaje pratik ak « vizyon revize sou pase » pou yo ka met sou pye yon « fiti post-kolonyal » kote « natif-natal yo te fè fè silans yo vin pale e aji sou yon teritwa rekonkeri, nan kad yon mouvman rezistans jeneral kont kolonizatè[5] ».

Frantz Fanon, limenm, te rekonèt touswit nan koumansman liv li, *Peau noire, masques blancs,* nan yon chapit ki titre « Moun nwa e langaj » ke : « Pale se anplwaye yon sèten sentaks, metrize mòfoloji tèl ou tèl lang, men sitou se asime yon kilti, sipòte pwa tout yon sivilizasyon. » Apre l te obsève ravaj-dega « desounman » ka Antiyè yo nan metropòl Lafrans, Fanon di : « Nwa a ap santi l pi blan, sètadi pi prè yon moun tout bon, plis li adopte lang fransè a. (...) Yon moun ki posede yon langaj posede anmenm tan an mond ki eksprime e enplike pa langaj la. (...) Antiyè nwa a, keseswa kiyès li ye [e kouwè tout kolonize] toujou sitiye tèt li parapò ak yon langaj. »

Fanon kontinye : « Nwa ki te frekante metropòl la te kouwè yon demi-dye », sejou l an Frans « transfòme l radikalman ». Pou boujwazi nan Antiy yo limenm, Fanon di « li pa vle anplwaye kreyòl, sof nan rapò l avèk domestik li yo. Nan lekòl tijèn Matinikè a aprann meprize lang kreyòl la e manman yo rele timoun yo 'tibanbann' lè yo itilize kreyòl ». « Wi, Fanon kontinye, fòk mwen prete atansyon ak jan mwen pale, se apati de limenm y ap vin jije mwen… Y ap di de mwen, avèk anpil mepri : li pa menm konn pale fransè »—n ap ka ajoute tou ekspresyon Léon Damas lan, site pa Fanon, li pa menm konn pale *« le français de France / le français du Français / le français français.*[6] *»*

Fanon ekri preske tout zèv pibliye li yo an fransè, kidonk obsèvasyon l yo pa soti de yon santiman anti-fransè, men de preferans de yon ekzamen psichik an pwofondè an kalite psikyat Fanon te ye. Kontrèman ak « kreyolitis » yo jounen jodia[7], ki fè de lang fransè a yon fetich, Fanon itilize li tankou yon enstwiman, men misye pa t pèdi lòlòj li pou sa : « Pale yon lang, misye di, se asime yon mond, yon kilti. Antiyè a ki vle blan ap vin plis santi l blan plis li apwopriye enstwiman kiltirèl lang blan an. » Fanon prezante objeksyon kont mo André Breton te anplwaye pou li te felisite Aimé Césaire nan entwodiksyon Breton te ekri pou liv Césaire a *Cahier d'un retour au pays natal.* Breton te ekri : « Misye se yon Nwa ki manye lang fransè a pi plis ke nenpòt kèl Blan. » Fanon te trouve mo sa yo trè patènalis, pwodui yon rasism enkonsyan, paske li pa t wè poukisa Breton te wè paradoks lakay Césaire poutèt bèl fransè li ekri alòske misye te agreje nan Inivèsite.

Fanon sezi pwoblematik ki gen nan lang moun pale nan tout konpleksite epistemolojik li, li diseke tou maladi nan anatomi li e destabilizasyon mantal li kreye lakay yon oprime. Echèl valorizasyon etnik e sosyal la te si tèlman desounen nanm oprime yo yomenm, ke yo analize Antiyè ki retounen sot nan metropòl la avèk anpil atansyon pou wè sil ka pale fransè san fot oubyen si misye si yon blofè, Fanon obsève : « Lefètke pou Nwa ki retounen an vin adopte yon lang diferan de sa kolektivite li te fèt la pale te montre te gen yon dezoryantasyon,

yon klivaj. » An metropòl cchèl valorizasyon an pouse anpil Nwa yo itilize trikaj pou yo ka chanje plas, Fanon te lamante : « Lè yon Senegalè aprann kreyòl pou l fè tèt li pase pou yon Antiyè : mwen di sa se alyenasyon. Si Antiyè yo ki wè sa fè blag sou misye : mwen di sa se mank de konpreyansyon.[8] »

Konsènan « chwa » lang fanse a, anpil ekriven e pansè pwogresis ki anplwaye l motive pa yon estrateji endividyèl delibere pou sèvi de sa Jean-Paul Sartre rele « aparèy-a-panse ansyen mèt la » pou idantifye, denonse, devwale aryè-panse, malfezans ak alyenasyon kolonizasyon. Men kouwè Sartre di tou, tout bagay sa yo se « kaka nan zye » paske kolonizatè a « fè yon jan pou li rete yon medyatè avi » nan tout zaksyon kolonize a. Anplis, eske yo te vrèman gen chwa nan yon sitiyasyon kote altènativ la se anplwa yon lang non-ewopeyen ki ka kondane yo nan egzil, nan yon ghetto entelektyèl nan sen pwòp peyi yo ?

An n di tou, pou defans yo, ke anpil nan ekriven ak pansè sila yo te enfliyanse pa metodoloji materyalis marxis la ki privilejye rapò pwodiksyon e echanj olyede medium kominikasyon ki anplwaye nan rapò sa yo. Kritik Karl Marx sou sipèestrikti kapitalis e kolonyalis la pa enkli ladann l dominasyon lengwistik ; li jije ide ak konsepsyon ki fonde e jistifye eksplwatasyon pi enpòtan.

Men pèp domine e eksplwate yo ki gen yon lang matènèl domine e ki oblije « kominike » nan yon lang etranje yo enpoze sou yo, pa viv pwoblematik la an tèm inikman de rapò pwodiksyon ; yo viv li tou nan sa mwen ta rele yon desounman mantal e meta-sosyal, yon dezekilib psichik, yon depèviman ki demoli tout chans yo ta genyen pou yo vin yon moun ki konplè, tout chans pou yo vin viv richès bèlte zèl vole lavi, paske ravaj-dega dominasyon langajyè a te antre nan zantray reprezantasyon idantite yo, e koze anpil troma ki anvayi santiman yo genyen de ki moun yo ye nan lavi chak jou yo, sa yo pèsevwa e sa yo ta renmen ye. E moun sa a ki pèdi lapawòl vin pèdi nanm li tou paske li entènalize byenfonde kolonizasyon, e beni pwòp dekiltirasyon li tankou yon entèvansyon Lapwovidans ki te vin rann nesesè akoz de bezwen swadizan sivilizasyon ak pwogrè.

Sèl Pou Dezonbifye Bouki

Konsènan sitiyasyon patikilye ann Ayiti, nou tout konnen wòl senbolik e pratik e predominans pwisans reprezantasyonèl pale fransè genyen nan sosyete ayisyen an. Jean-Jacques Dessalines, ki pa te konn pale fransè, te pwononse diskou endepandans la an kreyòl, men touswit aprè Boisrond Tonnerre te wè li nesesè pou l te pwononse Ak Endepandans la an fransè. Daprè Maximilien Laroche zak sila te endike yon devyasyon enpòtan, yon kasaj, yon chanjman desizif parapò premye zak senbolik Desalines te fè lè li te chanje non fransè Saint-Domingue pa non endyen Ayiti.

Pou lontan ann Ayiti, si ou pa t pale fransè ou pa t konsidere anyen nan dinamik relasyon pouvwa reyèl nan sosyete a. Nou sonje tou lè nou louvri bouch nou nan klas e mèt oubyen madmwazèl lekòl la fè kè nou sote anba entèjeksyon : « Exprimez-vous! », yon entèjeksyon ki te fè nou santi tankou nou pa t yon moun total-kapital paske nou pa t gen dwa alapawòl, sètadi a pawòl pa nou, e non pa yon pawòl tronke, enpoze. Menm apre monte opouvwa François Duvalier ak tontonmakout yo, kote reprezantasyon pouvwa a te yon ti jan chanje ran oubyen klas sosyal anpil moun, kote kèk moun te gen dwa de vi e de mò sou lòt moun, fòs senbolik e reprezantasyonèl pale fransè pa t janm chanje. Avèk tou preponderans pwisans global angle ak kilti anglo-saksonn lan vin pita genyen nan reprezantasyon pouvwa reyèl ann Ayiti, relasyon ant lang ak idantite patisipe nan yon relasyon de pouvwa nan nonsèlman relasyon dominan-domine ki genyen ant fransè ak kreyòl, men tou nan relasyon dominan-dominan ant fransè ak angle ki pataje espas entelektyèl ayisyen an, e ki aktivman angaje nan travay enferyorizasyon ak zonbifikasyon lang ak kilti afro-kreyòl ayisyen yo. Pandan de syèk lekòl ann Ayiti te fèt inikman an fransè, men nan lis matyè ki enseye yo ou te wè lang laten, grèk, anglè e espayòl ; men ankenn mansyon pa t janm fè de kreyòl, ni ekri ni oral.

Relasyon ant lang ak idantite nan yon sitiyasyon dominasyon lengwistiko-kiltirèl se alafwa pwodui yon melanj konfli, antagonism e kontradiksyon anmenm tan an yon posiblite devlope yon rapò dyalektik e afimativ, sètadi yon volonte, yon desizyon delibere e detèmine pou afime dwa ak preogativ lang ak kilti domine yo. Pa ekzanp relasyon dominan-domine ant laten ak fransè diran premye tan devlopman lang fransè a, e desizyon Kadinal Richelieu pran finalman pou tabli Akademi Franse a. Sepandan, deliberasyon ak detèminasyon ki te desizif yo, se kouraj ekriven yo te genyen e sakrifis yo te konsanti fè pou yo ekri e pibliye an fransè men lè milye entelektyèl dominan yo pa t anfavè yo.

« Kreyolite » oubyen kreyòl kou matyè premyè ?

Nan premye chapit liv sila a mwen montre movèz fwa, manti ak mistifikasyon ki chita dèyè deziyasyon Ayiti tankou yon peyi « frankofòn », manm apaantyè de « Frankofoni », klib neo-kolonyal Lafrans ak ansyen koloni li yo met sou pye pou kontinye dominasyon kiltirèl fransite.

Yon lòt pratik nou denonse nan chapit sa a, se itilizasyon lang kreyòl la pa sèten ekriven ayisyen e antiyè tankou matyè premyè oubyen materyèl brit pou pèfeksyone bèl chelèn chedèv an fransè ; se kouwè kondisyon zonbi a ki fè tout travay sou chan an men ki pa gen ankenn dwa ni reprezantasyon nan lakou bòkò a. Pratik sa a ann Ayiti, byennantandi, dire preske tout disnevyèm syèk la e mwatye ventyèm syèk la. Li reparèt jounen jodia ka anpil ekriven an Matininik e Guadeloup sou nouvèl lekòl literè yo rele « kreyolizasyon » oubyen « kreyolite » prekonize pa ekriven kouwè Aimé Césaire, Edouard Glissant, Jean Bernadé, Patrick Chamoiseau, Raphaël Confiant, elatriye. Byenke nou dwe felisite Bernadé, Chamoiseau e Confiant pou jefò yo deplwaye anfavè ekriti ak pwomosyon lang kreyòl ann Matinik e Guadeloup, konsèp « kreyolite » yo pwomouvwa a pa depase itilizasyon lang kreyòl tankou materyèl brit e ajou folklorik nan elaborasyon liv chelèn ki ekri an fransè. Aranjman sa pa ede anyen avansman lang ak kilti afro-kreyòl antiyè yo, pwiske li kenbe yo nan menm wòl enferyè yo ba yo nan yon rapò pouvwa ki benefisye lang-kilti dominan an. De plis, nou pa wè kouman pale de patrimwàn ak emosyon afro-kreyòl nan bèl chedèv fransè ka ede devlopman, pwomosyon ak valorizasyon lang ak kilti afro-kreyòl yo.

Natirèlman, anplwa yon lang nan limenm pa ka bay oubyen siyifi yon idantite. Antanke medium kominikasyon ak siyifikasyon, yon lang se dabò yon enstwiman ; men lè yo plase li nan yon plan senbolik e reprezantasyonèl, li vin gen lòt siyifikasyon, sitou nan relasyon pouvwa ant klas sosyal yo (ki vin reflekte nan rapò endividyèl diran echanj chak jou yo).

Rapò pouvwa sa yo toujou rive nan sitiyasyon « diglottique » kote genyen yon relasyon enferyorite ant de lang (tankou nan ka laten parapò ak lang lokal yo, fransè parapò ak lang pèp kolonize yo oubyen nan sen klas dominan Ewòp yo).

Nou konnen genyen yon ògàn ki fransè nan manman kò kilti ayisyen an, yon ògàn ki rich ak grann kalite chedèv literè e atistik nivo mondyal ki remonte depi fondasyon nasyon an. Se yon fè istorik ankenn moun pa ka denye. Sepandan, se sèlman apeprè senk a dis pou san popilasyon total peyi a ki gen aksè ak e absòbe kilti fransè a, katrevendis pou san rès yo pa gen aksè e pa konnen lòt kilti ke kilti afro-kreyòl oral la.

Esklizyon pati afro-kreyòl kilti ayisyen an remonte depi premye jou nesans peyi a, lè nouvo dirijan e nouvo klas dominan yo te vle fè pwisans kolonyalis etranje yo wè yo pa t yon bann « barbares » e « sovaj », pale fransè e anbrasman kilti fransè a te la donk pou prouve yo te « sivilize ».

Te gen esklizyon, men te genyen tou polarite, paske lòt kilti domine a t ap kenbe reziste e chache afime l diran tout istwa peyi a. Poutan, mistifikasyon an kontinye rete djanm. Lè, pita, avèk mouvman *endijenis* la, yo te vin rekonèt e revandike pati afro-kreyòl la, boujwazi elitis anti-afrokreyòl la te fè yon jan pou yo sèvi de li tankou senpleman yon matyè brit fòlklorik, oubyen kòm amizman pou touris. Lè yo te vin evantyèlman fè kreyòl la youn nan de lang ofisyèl peyi a (ann adisyon ak fransè), se te yon gwo pa ann avan sou plan senbolik, men yo sanble te fè sa yon fen nan limenm olye yon kòmansman.

Polarite, dualism de kan ant sa Idi Jawarakim rele « *francolonisés* » yo e afro-kreyòl yo—ansanm ak mas analfabèt monoleng kreyòl yo—se yon eksperyans yo viv nan kontradiksyon paralèl, sètadi kontradisyon ki menm lè eleman yo ap monte youn kont lòt, yo pa chanje anyen nan *estati quo* a paske yo senpleman suiv vwa paralèl yo, paske tou de kontradiksyon yo pataje menm kwayans nan premis fondamantal fè kolonyal la, sètadi ke lang ak kilti fransè a siperyè de lang ak kilti natif-natal afro-kreyòl la.

Ant frankolonize e afro-kreyòl yo gen menm aseptasyon premis sipèestriktirèl kolonyalis yo ki sipoze ke fransè a, antanke lang « entènasyonal » e « ewopeyen » dwe domine lang ak kilti afro-kreyòl ayisyen an. Se jisteman la kote pwoblèm lan ye, paske ou senpleman pa p ka genyen yon afimasyon idantitè otantik si ou kwè lang ou pale a ak kilti ou genyen an enferyè de yon lòt lang ak kilti. Gen moun ki evoke lefètke kreyòl la se yon lang « à base lexicale française », sètadi ki baze sou vokabilè fransè, pou di ke li enferyè a fransè. Dabò, si se vre kreyòl la gen baz leksik fransè, nou konnen tou estrikti ak sentaks li afriken. Epitou, byenke nosyon « base lexicale » la sipoze yon relasyon ki gen baz kolonyalis, li se yon trè komen nan tout lòt lang nan lemond ki toujou derive de youn oubyen enfliyanse pa plizyè lòt lang. Kouwè pa ekzanp fransè ki gen baz leksik laten oubyen lang kap-vèdyen an ki gen baz leksik pòtigè. Se tout sòt prejije, fo premis ak movèz konsepsyon sou kreyòl sila yo nou dwe jodia remèt an keksyon. Se tout yon paradigm, se tout mantalite fondatris la nou dwe chanje, e retounen nan kòmansman kazye zero pwoblematik la.

Pou yon bilengism tout bon

Depi lontan y'ap eskamote keksyon revandikasyon lang pèp ayisyen an sou pretèks kreyòl la pa t yon lang. Apre li te vin prouve, espesyalman pa lengwistik jenerativ Noam Chomsky vin popilarize a, ke kreyòl la se yon lang total-kapital ki pale pa milyon moun nan yon milye jeografik detèmine, avèk yon legalite peyi souveren, yo di, eh byen, wi li ka se yon lang, men ou ka sèlman di pwezi ak tirekont ladann, ou pa ka fè lasyans oubyen pale de « bagay serye » ladann l. Defi pou nou leve jounen jodia, se pa sèlman prouve ke ou ka fè lasyans e di bagay serye an kreyòl ; defi a se montre ke nou ka fè tout bagay sa yo, e avèk anpil lòt bagay, kou pa ekzanp lanse yon kanpay alfabetizasyon an kreyòl, anseye matyè onivo elemantè, primè, segondè ak inivèsitè an kreyòl, ekri ansiklopedi kreyòl, konstwi bibliotèk kreyòl, e sitou ekri e pibliye an kreyòl.

Kouwè istwa lang fransè a limenm montre parapò ak laten, ansyen lang dominan, ekri e pibliye an kreyòl gen yon enpòtans kapital pou plizyè rezon. Dabò, paske pwodiksyon nan yon lang se meyè fason pou promouvwa, valorize e konsève lang lan. Epitou sèl fason pou chanje kondisyon enferyorite, esklizyon ak ravaj-dega emotif monoleng ayisyen eksperyanse nan relasyon dominasyon li genyen ak lang e kilti fransè a, se kapab montre li gen pwòp lang ak kilti pa li ki kapab kreye bèl bagay nan at, lèt ak lasyans, nan espresyon ak kominikasyon ; kreye e valorize yon lang ki konplè e ki otonòm, men ki louvri tou anvè lòt lang ak lòt kilti yo, ki gen kiryozite anvè avanti e destine lòt pèp yo. Yon lang valorize, pou yon pèp lib e diy.

Nòt

1. Li etid Yves Dejean an, « Créole, école, rationalité », revi *Chemins Critiques,* 2002 / Revi *Tanbou :* http://www.tanbou. com/2002/fall/CreoleEcoleRationalite.htm

2. Poukisa ou pa two tande pale de yon « anglofoni » oubyen « espanofoni » ? Se petèt paske, dabò, fòk ou ta pale tou de « amerikanofoni ». Epitou, akoz de sipèpwisans Etazini, angle vin de fakto yon lang dominan global ; li pa donk nesesè pou li dekrete yon « anglofoni » ki ka two pwente dwèt sou enperyalism global meriken an. « Frankofoni » fè nou panse ak yon reyaksyon neo-kolonyal an fas pèt enfliyans yon ansyen anpi kolonyal ki toujou gen anbisyon dominasyon mondyal.

3. Tcheke *Langage et connaissance,* pa Adam Schaff, Edisyon Anthropos, Pari 1969. Se otè a ki souliye pwen sa a.

4. Ibid...

5. Wè Edward Said, *Culture and Emperialism,* Edisyon Knopf, Nouyòk 1993.

6. Wè liv Frantz Fanon an, *Peau noire, masques blancs,* Edisyon Seuil, 1952.

7. Nou vle di pa neolojism sila a ekriven nan Antiy yo e lòt kote ki prekonize yon « *créolité* » nan istil pou ekri bèl chelèn literè fransè, ki pa gen anyen a wè ak ekriti kreyòl.

8. Frantz Fanon, *Peau noire, masques blancs...*

* Nan kreyòl ayisyen genyen anpil mo ki gen òtograf fakiltatif, sètadi youn ou plizyè fason aseptab pou ekri yo, tankou mo *pèsonn* ke m ekri tou *pèsòn* oubyen *teori* ke m ekri tou *teyori.*

Jak Roumen e lang kreyòl : Li t ap ekri l plis sil te viv pi lontan

Esè sila a baze sou yon sipozisyon, yon enferans ak yon konklizyon sou yon seri bagay ki yomenm tou sikonstansyèl osijè lavi yon moun ki te ekziste tout bon e ki mouri nan flèdaj li.

Sepandan, si li pa fasil pou w detèmine evolisyon ideyolojik yon endividi nan yon seri kondisyon e sitiyasyon sosyopolitik objektif, li pa two difisil pou w prevwa kontinwite santiman li apati de sa limenm li di e fè, apati de *tandans* li. Se sa ki fè m'al eseye konprann tandans Jak Roumen parapò avèk lang e pwoblematik kreyòl la, apati de nonsèlman zèv literè li, men tou apati de praksis endividyèl li.

Nan liv mwen *Critique de la francophonie haïtienne,* mwen kritike ekriven mouvman endijenis e pòs-endijenis yo pou lefètke yo pa t ekri tou an kreyòl. E menmlè ekriven sa yo (pami yo Roumen, Filip Tobi-Maslen, Emil Roumè, Kal Bouwa, Maglwa Sentod, elatriye) te revandike otantisite sous afriken kilti ayisyen an e mande pou valorize li, prèske yo tout te kontinye ap ekri inikman an fransè, antouka tout zèv pibliye yo te prèske tout ekri an fransè. Kouwè m di nan liv la sou sijè a : « Paekzank Jak Roumen, Jak Estefèn Aleksi ak Rene Depès, twa pi gran nan pi gran ekriven ayisyen yo, ki chak nan yo ekri yon zèv admirab anba tèm liberasyon sosyopolitik e kiltirèl ann Ayiti, men ki pa rann yo kont liberasyon an pa p ka total-kapital sil pa genyen tou valorizasyon lang kreyòl la menm jan l valorize kilti zansèt afriken yo, ke yo tout selebre e ke yo konsidere, kòm sadwa, tankou afimasyon otantisite idantite Ayisyen yo. » Sepandan, san restitisyon kreyòl la nan wòl santral li nan sosyete a, idantite a ap toujou rete yon idantite an mawonnaj.

Malgre egzistans yon tradisyon ekriti kreyòl ki date depi sou koloni fransè (kouwè pa egzanp tèks chanson *Lisette quitté la plaine*, Duvivier de la Mahautière, yon kolon frankofòn, te ekri vè zòn ane 1757), oubyen tou premye sèn nan pyès teyat

Juste Chanlatte ekri an 1818 *L'Entrée du Roi en sa capitale en janvier 1818,* oubyen ankò *Cric ? Crac !,* yon tradiksyon kreyòl fab La Fontaine Georges Sylvain sòti an 1901, an pasan pa *Choucoune,* yon long powèm lirik kreyòl Oswald Durand pibliye en 1896), wi, malgre tout pratik ekritirèl sila yo, ekriven nan tan Jak Roumen yo (e malerezman jouk jounen jodia) te toujou konsidere kreyòl la tankou yon « patwa », yon langaj woywoy ou pa t ka ekri bagay serye ladan l men ou ka itilize tankou yon matyè premyè oubyen tankou yon efè fòlklorik nan ekriti bèl chedèv-chelèn liv fransè.

Sepandan, lè m etidye jan Roumen ekri *Gouverneurs de la rosée,* patikilyèman langaj kreyolize li itilize nan estrikti naratif ak nan dyalòg woman an, epitou lè nou plase Roumen nan kontèks tan l t ap viv la, e nan kontèks sa li te fè e sa li te kwè ladan l, kou pa egzanp opozisyon li kont kanpay pèsekisyon Legliz Katolik kont relijyon vodou a, mwen dedui Roumen t ap vin evantyèlman adopte ekriti kreyòl (yon kreyòl ekri poukont tèt pa l, nan otonomi li), ansanm avèk ekriti fransè sil te viv pi lontan.

Genyen tou anpil lòt eleman sikonstansyèl ki sipòte dediksyon mwen fè a lè mwen di Jak Roumen t ap ekri an kreyòl tou si l te viv pi lontan, kouwè pa egzanp pozisyon favorab pati kominis la, patikilyèman Christian Beaulieu, kolaboratè Roumen nan *L'Analyse schématique 1932–1934,* ki prekonize alfabetizasyon an kreyòl nan sen pèp la. Genyen tou powèm Roumen te ekri antyèman an kreyòl, tankou « M'allé la riviè », li te ekri pandan l te prizonye nan Pénitencier National an novanm 1935 (Tcheke sou sa liv Léon-François Hoffmann lan *Jacques Roumain : Œuvres complètes,* 2003).

Natirèlman, pi gwo endikasyon Roumen te gen tandans pou l ekri an kreyòl, antouka tandans pou l favorize ekriti lang kreyòl la, se fason li ekri *Gouverneurs de la rosée,* ki te kontrè de pratik anvan yo kouwè pratik « relasyon entèlang », yo vin rele pita « encrustation » an, sètadi anplwaye bout fraz kreyòl « en filigrane » nan ekri bèl chelèn chedèv fransè. Fò n raple nou Roumen fini ekri *Gouverneurs de la rosée* sèlman 42 jou anvan li mouri, e liv la te vin pibliye apre lanmò li. Nou pa gen ankenn dout Roumen t ap vin rive keksyone rapò de pouvwa ki gen ant kreyòl e fransè a, e nesesite pou konfwonte kontinyasyon enferyorizasyon lang kreyòl ak kilti kreyòl pa klas dominan yo, nan sans yon pèspektiv pou chanjman.

Mwen pa dakò avèk kritik kouwè Pradel Pompilus oubyen Alessandro Costantini ki sigjere ke Roumen ta vle kreye yon « nouvo langaj » palefètke li itilize e melanje fraz, mo, espresyon, chanson e menm sentaks kreyòl nan yon liv fransè (GDLR). E kritik sa yo pran kòm ekzanp jan Roumen manye *« encrustation »* ak makonnaj filannaj kreyòl nan fransè nan *Gouverneurs de la rosée*. Anfèt, anpil disip Roumen te adopte pwendevi sa a, kòmkwa pou yo montre se sa Roumen te vle fè tou.

Mwen montre nan *Critique de la francophonie haïtienne*, ke anplwaye kreyòl nan jan sa a se kontinye kenbe l nan pyèj wòl matyè premyè sa a yo asiyen l la, ban m site liv mwen an : « Pratik sa a ann Ayiti, byennantandi, dire prèske tout disnevyèm syèk la e mwatye ventyèm syèk la. Li reparèt jounen jodia ka anpil ekriven an Matininik e Guadeloup sou nouvèl lekòl literè yo rele 'kreyolizasyon' oubyen 'kreyolite' prekonize pa ekriven kouwè Aimé Césaire, Edouard Glissant, Jean Bernadé, Patrick Chamoiseau, Raphaël Confiant, elatriye. [Pratik sa yo] pa depase itilizasyon lang kreyòl tankou materyèl brit e ajou fòlklorik nan elaborasyon liv chelèn ki ekri an fransè. Aranjman sa a pa ede anyen avansman lang ak kilti afro-kreyòl antiyè yo, pwiske li kenbe yo nan menm wòl enferyè yo ba yo nan yon rapò pouvwa ki benefisye lang-kilti dominan an. »

Selon anpil kritik literè pratik filannen kreyòl nan fransè a remonte depi omwen de frè Nau yo (Emile Nau ak Ignace Nau) nan mitan disnevyèm syèk la ki te prekonize melanje kreyòl nan fransè. Tout zèv literè yo te rele « woman peyizan » yo kontinye « encrustation » oubyen filannen kreyòl nan fransè a, pami yo Justin Lhérisson (ekzanp *Zoune chez sa ninnaine*, 1901). Depi tan de frè Nau yo jiska tan Roumen, sètadi prèske yon syèk apre, izaj kèk mo ak fraz kreyòl nan woman ki ekri antyèman an fransè yo rete nan menm estaj la. *Gouverneurs de la rosée* se premye zèv woman ki depase estaj wòl fòlklorik la e ki foure, penetre kreyòl la nan nonsèlman dyalòg e chanson, men ki penetre kè liv la, ki antre nan kontwiksyon sentaks liv la. Kontrèman ak sa anpil kritik literè di, enpòtans Roumen nan ekriti kreyòl se pa jefò pou l «encruster» oubyen «filannen» kreyòl nan fransè, ni entansyon pou l kreye yon lòt, yon «twazyèm lang», men pito yon jefò pou l *entwodwi* lang kreyòl la nan majistrati ekriti, ki te rezève sèlman kòm domèn prensipal lang fransè, menmsi te gen dezoutwa ekriven ki te ekri powèm oubyen pyès teyat an kreyòl. Entansyon Roumen se pa pou l te anbeli lang fransè a, men entwodwi kreyòl la kòm lang lejitim pou ekriti. Pratik *encrustation* an vin kòmkwa defigire jefò orijinèl Roumen an, kote li te vle montre ou ka itilize sentaks ak imajri kreyòl pou ekri «bagay serye».

Nan tan Roumen misye t ap chache chanje anpil bagay ki pa t t ap mache dwat nan sosyete li a, pami yo, e se te trè enpòtan nan epòk la, pozisyon kouraje li pran kont pèsekisyon relijyon vodou a pa Legliz Katolik, e afime li tankou espresyon otantik idantite pèp ayisyen an. Se te yon gwo plonje e yon gran chanjman paradigmatiik, sou yon plan epistemolojik. Men malerezman gen yon lòt bò plonje paradigmatik la Roumen pa t gen tan janbe : se te ekri e pibliye zèv kreyòl pou ede ranfòse lang kreyòl la antanke lang nasyonal lejitim. Malgre sa misye te kite yon siyal enpòtan ban nou.

Mouvman endijenis la te fè erè li pa t mete keksyon langaj la nan santralite keksyonnman l sou afimasyon idantite ayisyen an. Kouwè Maximilien Laroche di, entansyon Desalin lè l te chanje non «Sen Domeng», non kolon fransè te bay koloni an, pa «Ayiti», ansyen non Endyen yo te bali, se te pou l fè yon ripti, yon dekanpaj total avèk enpriz kiltirèl e senbolik kolon yo, men entansyon sa a vin delalay akoz de enfliyans nouvo klas dirijan yo ki te konsidere fransè ak kilti fransè a antanke dlo beni ki bay moun sivilizasyon. Laroche souliye lefètke Desalin, ki pa te konn pale fransè, te pwononse diskou endepandans la an kreyòl, men touswit aprè Boisrond Tonnerre te wè li nesesè pou l te ekri e pwononse Ak Endepandans la an fransè. Daprè Laroche sa a limenm te endike yon devyasyon enpòtan, yon chanjman desizif parapò ak premye zak senbolik Desalin yo.

Youn nan rezon fondamantal ki fè Roumen pa t poze keksyon fransè-kreyòl la nan tèm otonomi lengwistik kreyòl nou konnen jodia, gen awè avèk sa Michel Foucault rele *epistemè* yon epòk, sètadi konesans ak mòddepanse dominan ki oryante epòk la. Nan sosyete ayisyen an, omwen depi 1804 rive ane 1950 yo, san wetire tan Roumen t ap viv la, epistemè dominan an te tabli lang peyi ewopeyen dominan yo—lang fransè a nan ka pa nou—antanke sèl langaj lejitim pou fè sikile konesans. An n remake tou, malgre tout lwanj yo bay Oswald Durand pou lefètke l ekri powèm « Choucoune » lan an kreyòl, powèm sa a se sèlman youn nan de powèm kreyòl nan rekèy li a *Rires et pleurs* ki gen yon total de 162 powèm !

Roumen tou te enfliyanse pa epistemè sa a, e se sa ki fè li ekri tout zèv nou konnen de li yo an fransè (gen kèk esepsyon kouwè powèm « M'allé la riviè » nou mansyone piwo a). Epistemè epòk Roumen te gen de pilye, de potomitan byen solid : youn se te ejemoni relijye e ideyolojik Legliz Katolik te vle enpoze sou tout sosyete ayisyen an, lòt la se lang ak kilti fransè a. Roumen te rive chanje youn nan de pilye sa yo, men l pa t rive touche lòt la.

Enferans ak dediksyon nou fè a sou pwobabilite Roumen t ap ekri an kreyòl tou si li te viv pi lontan baze tou, an pati, sou priz de konsyans e sou chwa radikalite lengwistik ki vin rive kay ekriven kouwè Félix Morisseau-Leroy e Frankétienne ki vin ekri zèv antyèman an kreyòl. Se yon pakou ki t ap nòmal pou Roumen sitou lè nou plase evantyalite pakou sila a nan kontèks ekriti *Gouverneurs de la rosée*, e nan kontèks prizpozisyon Roumen sou keksyon vodou a. Efektivman, nan *Gouverneurs de la rosée*, Roumen esprèseman deside pou l respekte fason pale Ayisyen an, fason nou jwe ak mo yo, imajri metaforik nou renmen deblayi nan nannan nanm langaj kreyòl la. Ou ka wè sa menm nan premye paj woman an, pa ekzanp kan li di de Délira Delivrance : « …elle appelle le bon Dieu. Mais c'est inutile, parce qu'il y a si tellement beaucoup de pauvres créatures qui hèlent le bon Dieu de tout leur courage que ça fait un grand bruit ennuyant et le bon Dieu l'entend et il crie : Quel est, foutre, tout ce bruit. » E se nan tout liv la tip de rapwochman ak pale kreyòl sa a fèt, san konte anpil chanson ak dyalòg ki fèt antyèman an kreyòl tankou repwodiksyon chanson hounsi yo : *« Bolada Kimalada, o Kimalada / N'a fouillé canal la, ago / N'a fouillé canal la, mouis dis : ago yé / Veine l'ouvri, san koule, ho / Bolada Kimalada, o Kimalada. »*

Kidonk, meyè fason jounen jodia pou nou selebre e onore memwa Jak Roumen se kontinye nonsèlman revolisyon politik li te rele pou rive a lè li te fonde Pati kominis la, men tou revolisyon kiltirèl e lengwistik li te siyale a nan *Gouverneurs de la rosée*, e nan praksis e travay pratik li te fè pou defann kilti popilè a, kouwè fondasyon Biwo Nasyonal Etnolojik la.

Pou konklizyon, an n di, menm jan se yon eskandal pèp ayisyen an kontinye ap viv nan kondisyon malouk e souzimen nou wè yo, se yon eskandal kreyòl la toujou rete, jouk jounen jodia an 2007 (kou nou ka wè nan reprezantasyon li nan Kolòk entènasyonal k ap fèt la)*, yon lang maltrete, meprize e enferyorize menm apre yo nonmen li lang nasyonal ofisyèl. Wi, se yon gwo chòk kreyòl la pa lang dominan nou anplwaye nan echanj politik, entelektyèl e kiltirèl nou genyen antre nou e avèk tout lòt peyi. Izraelyen yo fè li avèk hebre ke yo enpoze kou lang dominan, e si yo izole se pa akoz de sa. Grèk yo, Danwa yo ak Krowasyen yo, ki gen demografi ki konparab a Ayiti, ap fonksyone nan lang pa yo, poukisa noumenm Ayisyen nou pa ka fè sa ? Se defi sa a Jak Roumen ta renmen pou nou leve, kouwè li te leve defi pou valorize kilti vodou afriken an.

* (Pibliye premye fwa nan Revi *Tanbou*, an novanm 2007 ; otè a te li tèks sa a nan Kolòk Entènasyonal « Panse avèk Jak Roumen » òganize pa Inivèsite Deta d Ayiti de 28 novanm a 6 desanm 2007.)

Pou poze baz fondasyon yon akademi kreyòl ayisyen : Kèk konsèy pratik

Prensip *dezirabilite* kont prensip *nesesite*
Pou fonde pratikman yon Akademi Kreyòl Ayisyen—ke n ap deziye nan rès tèks sila a senpleman kòm Akademi Ayisyen—, nou dwe poze keksyon si l se yon *dezirabilite* oubyen yon *nesesite*. Se nan chwa ant youn ou lòt de prensip sa yo, n'a ka predi ki jan de akademi nou vle tabli.

Prensip dezirabilite

Si ou fè chwa dezirabilite, sètadi kou yon bagay nou ta renmen oubyen nou vle met sou pye san nou pa ba li enèji, detèminasyon mantal ak resous pratik ki nesesè pou nou fè l reyisi, l'ap pran yon konfigirasyon selon chwa sila a. Men si ou chwazi de preferans prensip nesesite a, se yon lòt jan de praksis k ap vin deplwaye.

Prensip nesesite

Chwa oubyen aseptans prensip nesesite yon Akademi Ayisyen ann Ayiti enplike aseptans enpòtans yon enfraestrikti debaz e enstitisyonèl ki la inikman pou ede nan valorizasyon, pwomosyon ak simayennasyon (diseminasyon) e prezèvasyon lang kreyòl ayisyen an. Nesesite enplike yon bagay ki dwe fèt e san limenm yon moun oubyen yon sosyete ap manke yon eleman ki fondamantal.

Byenke gen lè dezirabilite ak nesesite ka makonnen kò yo ansanm, nesite yon Akademi Ayisyen nan kontèks kondisyon restavèk kilti ak lang kreyòl ayisyen an parapò ak kilti e lang fransè a, vin fè nou oblije pran swen pou n met sou pye nonsèlman **objektif ak misyon** Akademi an men tou enfraestrikti ak lojistik ki endispansab pou atenn bi ak objektif yo.

Sito nou klè sou bi ak objektif Akademi an, nou ka elaborate sou **modalite** yo, sètadi sou **ki jan** e ak **ki mwayen** n ap anplwaye pou nou atenn bi ak objektif yo.

Natirèlman, akoz enpòtans tablisman ak fonksyonnman yon Akademi Ayisyen ann Ayiti, inisyativ la ap bezwen sipò total Leta ayisyen (sanke Leta pa kontwole ki sa li fè e ki jan li fè li, an prensip Leta dwe rekonèt e asepte menmjan endepandans li rekonèt pou Inivèsite).

Presedan istorik

Meyè presedan pou fondasyon yon Akademi Ayisyen se ekzanp fondasyon **Académie Française** la an 1634 pa Kadinal Richelieu, premye minis Rwa Louis XIII, ki limenm tou t ap chache met estrikti e bay jarèt a yon lang ki t ap emèje nan relasyon de pouvwa avèk yon lang dominan : lang laten an. Nan sans sa a, gen anpil leson nou ka aprann de evolisyon lang fransè a pa rapò ak lang laten an.

Youn nan premye ekzanp ki ka enterese nou se misyon Académie Française la te bay tèt li : « Fikse lang fransè a e ba l yon seri de règ ki ka rann li pirifye e klè pou tout moun ka konprann li.» Se nan lespri misyon sa ki fè ke premye pwojè Académie Française se te konpoze yon diksyonè.

Yon lòt potomitan Académie Française la, ki pa two diferan de misyon an, se te wòl li te bay tèt li : Ekzije bon izaj lang lan e bay rekòmandasyon sou kouman pou pale l ak tèminoloji ki aseptab e sou fason pou veye bon prezèvasyon lang lan « pou nou ka fè l yon patrimwàn komen pout tout Fransè e pou tout moun ki pale lang nou an », selon jan menm Académie a di li. Se nan sans misyon ak wòl sa yo kote ou wè AF met sou pye yon seri pri literè ki ankouraje moun ekri byen ladan l. Nan dènye ane ki sot pase yo AF simayen e onore plis ke swasant pri literè.

Lòt zèv Académie Française fè gen ladan yo « sibvansyon gwoup literè oubyen gwoup moun savan, zèv byenfezans, bay èd ak fanmi ki gen anpil bouch, èd pou fanm ki vèv, moun ki defavorize oubyen moun ki distenge yo pa akonplisman zak devouman, bous detid... », elatriye.

Objektif ak misyon yon Akademi Kreyòl

Nou ka defini objektif ak misyon Akademi Kreyòl la kou :

- Ede nan devlopman, konsolidasyon, valorizasyon e simayennasyon (diseminasyon) lang ak kilti kreyòl ayisyen yo.

- Ede mete enfraestrikti debaz e sipò enstitisyonèl ki mentni entegralite lang kreyòl la.

Objektif pratik (pou tèm kout, mwayen e long)

1. Kreyasyon yon **Gramè Jeneral** (k ap vin konsolide tout kodifikasyon gramatikal ki ekziste e modènize asepsyon yo nan langaj kouran).

2. Kreyasyon yon **Diksyonè Kreyòl Jeneral** (k ap konpile tout mo kreyòl ki ekziste ansanm ap neolojism ki ajoute, san retire neolojism ki fòme apati yon lang etranje, kou wikenn, leyòf, batey, elatriye).

3. **Tradiksyon an ayisyen** zèv klasik nan literati tout peyi ki ekziste, patikilyèman sa yo ki relate avèk oubyen ki touche anvironnman jeopolitik, istorik, ekonomik e kiltirèl Ayiti ap viv la. Nou ka pati pou yon quota de 100 liv pa ane pou kòmanse.

4. Kreyasyon yon **Pri Akademi Kreyòl Ayisyen** ki ka desène chak ane oubyen chak de zane pou zèv entelektyèl, an tout jan, miltijan oubyen miltidisiplinè (literati, mizik, teyat, filozofi, syans fizik, syans natirèl, syans sosyal, elatriye) ki ekri oubyen fèt ann ayisyen. Sigjesyon : Akademi an ta rele de nan Pri sa yo : **Pri Felix Moriso-Lewa** e **Pri Iv Dejan**, pou rann omaj ak travay pyonye, travay louvri chimen yo fè pou devlopman, valorizasyon ak pwomosyon lang kreyòl ayisyen an.

Modalite daksyon e Estrikti enfraestriktirèl (ki jan e ak ki mwayen pou fè sa rive)

San tablisman **mezi pratik** pou kreye yon enfraestrikti debaz pou fonksyonalite yon Akademi (lokalite fizik li, machin ak akseswa pou pwodiksyon literè, moun ki anplwaye pou fè l mache, elatriye), l'ap toujou rete nan yon estad dezirabilite.

Nan nòt ki pral vin la yo, nou eseye elabore yon seri de pwopozisyon ki kouvri alafwa objektif e misyon Akademi an ansanm ak mwayen daksyon nou sigjere pou anplwaye :

a. Posesyon yon **lokal fizik apwopriye** ki reflekte ponp ak fonksyon oubyen karaktè ofisyèl etablisman an. Estrikti fizik la dwe enpozan (kouwè yon ministè Leta oubyen yon palè lejislatif).

b. Tablisman yon **Libreri Nasyonal Ayisyen** k ap konpile tout liv ki deja oubyen ki vin ekri an kreyòl ayisyen.

c. Tablisman yon **Enprimri Nasyonal Ayisyen** k ap pibliye zèv kreyòl oubyen zèv ki tradui ann kreyòl ayisyen (yon emprimri modèn k ap gen ekipman modèn pou piblikasyon ak kominikasyon).

d. Kreyasyon diferan Komisyon oubyen Komite pou mete lamen sou diferan aspè travay Akademi an (komisyon pou etid semantik, pou tradisyon, pou entegrasyon lòt kreyòl, elatriye).

Etap preliminè / Mizanplas lojistikyèl

a. Kreyasyon yon **Komite Ekzekitif pou Fondasyon Yon Akademi Ayisyen. KEFAA ap gen misyon pou l ede a :**

b. Kreyasyon yon seri de **Komite Konseye pou Tablisman Akademi Ayisyen.**

c. Deziyason **Rejyon Jeografik Reprezantatif** k ap nome Komite yo (Ayiti : tout nèf depatman yo ; Etazini : Boston, Florid, Nouyòk, Nwoujèze, Wachinntonn ; Kanada : Monreyal, Toronto ; Frans : Pari ; Repiblik Dominikèn : Sen Domeng ; Gwadeloup ; Matinik, Kiba, elatriye).

d. **Sipò ak angajman Leta Ayisyen** pou l bay yon lokal apwopriye ak tout lòt myayen ki nesesè.

e. Kreyasyon yon **Komite pou Kòlèk Fon Prive** k'ad ede kolekte lajan pami sosyete sivil la ak pami tout lòt antite pou ede ak fonksyonnman Akademi an.

f. Kreyasyon yon **Komite Veyatif Konstitisyon** ki la pou veye aplikasyon lwa ki chita sou obligasyon pou tout dokiman ak desizyon Leta ekri alafwa an fransè e an kreyòl. Yon lwa espesyal ka mande pou enprimri ak laprès yo pibliye omwen mwatye piblikasyon yo an kreyòl.

Potansyèl Wòl Inivèsite

Nan pèspektif sila a nou sipòte avèk bra louvri apèl Fritz Deshommes lan, Vis-Rektè Inivèsite Deta d Ayiti, diran XIIèm Kolòk Entènasyonal pou Etid Kreyòl la, ki te fèt ann Ayiti nan jounen 25–29 oktòb 2008, kote misye te mande pou nou met sou pye koulyea, jounen jodia, yon « Académie Nationale de la Langue Créole ».

Apre ke l fin relve avansman kreyòl ayisyen an diran dènye deseni ki sot pase yo, kòmanse pa elevasyon l nan Konstitisyon 1987 kou lang ofisyèl, an parite avèk fransè, e ki mande limenm tou pou tablisman yon Akademi Ayisyen, pwofesè Deshommes souliye « yo rekonèt kreyòl la [jodia] kou lang e objè ansèyman depi Refòm Bernard la ; ensèyman siperyè mete kò l nan bagay la avèk kreyasyon Faculté de Linguistique Appliquée [Fakilte Lengwistik Aplike] nan sen Inivèsite Deta d Ayiti. Ke nan radyo, ke nan diskou politik, kreyòl la vin gen dwa pou yo site l ; dènye ouvèti aktivite literè pou ane a te konsakre sou literati kreyòl ». Li remake pou l fini : « Men si nou vle pou n genyen yon enstriman prestijye pou pwomosyon, devlopman, valorizasyon patrimwàn nou an, temwen e gadyen idantite nou ansanm ak konesans lokal ki enpòtan yo, nou dwe mete sou pye Akademi sila a. »

Potansyèl Wòl Leta

Wòl desizif Leta ap endispansab nan batisman yon Akademi Nasyonal Ayisyen ki djanm, ki gen vrèman yon karaktè nasyonal, e ki dispoze pou l itilize resous ak pwisans Leta pou l tabli e fè respekte règ ak estrikti nesesè pou kenbe misyon Akademi an. Kou mwen di nan liv mwen, *Critique de la francophonie haïtienne /Kritik frankofoni ayisyen* : « Zaksyon Kadinal Richelieu lè l te etabli Akademi Fransè an 1634 te gen yon pakèt efè sou estriktirasyon, pwopagasyon e diseminasyon lang ak kilti fransè a lè yo te nan ti zanfans yo. » Nan sans sa a, Akademi an ka prekonize e lolo, « lobi » Leta pou fè pase yon lalwa ki ekzije patisipasyon oubyen izaj kreyòl nan tout konferans akademik e tout fonksyon ofisyèl Leta k ap fèt nan peyi a oubyen nan reprezantasyon li aletranje (kouwè pa egzanp sesyon nan Loni, konferans deprès, kolòk akademik, seremoni graduasyon, elatriye).

Lalwa sa a ka kouvri tou, pami lòt pwovizyon, toudabò obligasyon pou aplike lòd Konstitisyon 1987 la ki mande pou : « Yo mete yon Akademi Ayisyen pou li fikse lang kreyòl la e pou li fè l kapab devlope anfòm, ann òd epi selon prensip lasyans.» Akademi an ka mande Leta pou l fè nasyon an (e ankouraje sosyete ayisyen an pou l) aplike lwa konstitisyonèl la ki di : « Leta dwe sèvi ak radyo, ak jounal, ak televizyon pou li gaye bon enfòmasyon, an kreyòl ak an fransè, sou tou sa ki an rapò ak vi peyi a. Anwetan sa ki ta yon danje pou peyi a, Leta dwe bay enfòmasyon sou lwa, sou dekrè ak sou regleman li mete deyò. Menm jan tou, pou antant, kontra, ak papye li siyen ak lòt peyi. » [Referans : tradiksyon kreyòl Konstitisyon 1987 la pa Pòl Dejan].

Potansyèl Wòl Ekriven, Atis, Filozòf ak Syantifik yo

Natirèlman, pi gwo potomitan yon Akademi se ekriven, atis, filozòf ak syantifik k ap pwodui travay nan sen sosyete sivil la e ki ap anrichi lang kreyòl ayisyen an. Nou ka deja di ke moun k ap vin manm oubyen manmdonè Akademi Nasyonal Kreyòl Ayisyen an se moun swa ki pwodui an kreyòl oubyen k ap travay pou pwomosyon kreyòl ayisyen an. Youn nan misyon fondamantal enpòtan Komite Konseye pou Tablisman Akademi Ayisyen se defini kritè ak kalifikasyon pou deziye ekriven, atis, filozòf ak syantifik k ap vin manm Akademi an. E ede tabli lwa fonksyonnman li.

(Dokiman sa a te fèt e ekri nan Boston, Etazini, pa Tontongi, konseye pa Franck Laraque, nan mwa mas 2009. Li te ekri an repons—e nan pèspektif pou sipòte—apèl Fritz Deshommes lan, Vis-Rektè Inivèsite Deta d Ayiti, diran XIIèm Kolòk Entènasyonal pou

Etid Kreyòl la, ki te fèt ann Ayiti nan jounen 25–29 oktòb 2008, kote misye te mande pou nou met sou pye koulyea, jounen jodia, yon « Académie Nationale de la Langue Créole. »)

Itopi tankou posiblite : Ayiti e pwojè imen inivèsèl la

Nan yon atik ki titre "The Underlying Tragedy" («Trajedi Anbachal la») ki parèt nan jounal *New York Times* jounen 14 janvye 2010, David Brooks blame kilti ayisyen kòmkwa li se lakoz povrete peyi a :
«Kouwè tout nasyon pòv nan lemond Ayiti soufri de yon latriye mongonmay ki reziste enfliyans kiltirèl pwogrè. Genyen enfliyans relijyon vodou a ki simayen mesaj lavi se yon bagay ki kaprisye eke planifye se pèdi tan.» Pou reponn a kesyon «Poukisa Ayiti pòv?», misye konpare Ayiti a peyi kou Babedòs ak Repiblik Dominikèn ki gen, selon li, menm istwa avèk Ayiti : [Ayiti] genyen yon istwa opresyon, esklavaj ak kolonyalism. Se menmman pou Babedòs, men Babedòs ap boule trè byen. Ayiti esperyanse diktatè sanginè, koripsyon e envazyon etranje. Menmman pou Repiblik Dominikèn, men Repiblik Dominikèn pote l konbyen fwa pi byen.» Lè w wè kòmantè sa a vini touswit apre kòmantè Pat Robertson lan ki denonse «kontra avèk Satan» Ayiti swadizan te fè kou lakoz kalamite l'ap soufri yo, yon moun sezi pa kalite rasism ogranjou ki dèyè tip de kòmantè sa yo (san menm pale de parès entelektyèl yo manifeste). Selon rezonnman Brooks la, pou yon moun rive about pwoblematik povrete a ann Ayiti, li annik dwe ranplase «kèp pati nan kilti lokal la pa yon kilti ki mande yon pakèt jefò, pa yon gwo doz entansif kilti akonplisman...»

Daprè aparans ou ta di Pa t Robertson mete remak li a nan nivo espirityèl, men lè w gade byen nan esans li, mouvman konsèvatè misye a gen pwoblèm avèk enpak pratik revolisyon antiesklavaj ayisyen an te genyen sou sistèm plantasyon ki te ekziste Ozetazini an, e ki te koze fayit anpil enterè ki te baze sou kontinuite li. Se sa ki eksplike raj eritye ideyolojik sistèm lan ki pa janm padone Ayiti pou peche sa a, paske yo kwè ke kolonizasyon, esklavaj ak politik enperyalis Etazini fè pati de «destine manifès» li, de *raison d'être* li.

Kritikè kouwè Mark Danner e Bill Moyers deja diskredite konparezon avèk Babedòs e Repiblik Dominikèn lan ; yo montre kokennchenn enpak negatif pliske yon syèk pèyman Lafrans enpoze sou Ayiti pou l rekonèt endepandans li, e yon demi syèk anbago pa Etazini kapab genyen sou pwojè devlopman Ayiti. Men li pa san enpòtans pou nou pote plis atansyon sou kontèks li.

Dega tranblemanntè a koze se konsekans nòmal yon moun ka atann de yon tranblemanntè 7.3 nan evalyasyon Richter ka genyen sou yon peyi tyèsmond ki gen yon tikras enfrastrikti ak pwoblèm jeolojik nan fayit plak tektonik li. Men etandone istwa espesayal Ayiti e plas anbivalan, deranjab, li genyen nan sansiblite peyi oksidantal yo, anpil lòt faktè vin antre nan jan moun gade tranblemanntè a. Pi gwo nan faktè sa yo se lefètke Ayiti se sèl peyi revòlt esklav *te reyisi* nan listwa imanite. Antanke istwa se yon resi ki enteresan e ki fè pati domèn lejand ak fab, men mwen pa kwè konpreyansyon li byen anrejistre nan gran piblik la, ni tou byen sezi li se yon istwa reyèl ki rive nan mond nou an pa gen twò lontan de sa.

Wi efektivman, si yon moun fè jefò pou l konprann *kontèks* povrete Ayiti a, sètadi klima istorik, jeopolitik e epistemolojik peyi a te pran nesans, li pa si difisil pou konprann movèz kondisyon ekonomik li ladann jodia : Rankin twa pwisans ewopeyen—Lafrans, Espay ak Angletè—, youn nan yo enpoze sou li, anba menas envazyon, yon pèyman pou rekonèt endepandans li ki dire pliske yon syèk (de 1825 a 1947) ; yon lòt pwisans, Espay, ki kontinye ap fè l lagè pou pèt koloni li (Repiblik Dominikèn) ; plis yon pwisans k ap monte, Etazini, vwazen zòn nò li, ki enpoze sou li yon anbago kòmare ki dire senkant tan, paske li rayi l pou lefètke li bay « movèz ekzanp » e vin parèt yon menas pou ekonomi l ki toujou baze sou travay esklav. Pou Angletè limenm, menmlè li pa t angaje aktivman nan sabotaj kont Ayiti, li te pratikman asepte tout sa lòt rival li yo t ap fè kont li. Si ou ajoute sou sa anpil dekad okipasyon etranje e non-envestisman nan devlopman peyi a, e konplisite sousesan san fen ant bankye entènasyonal, boujwazi parazit e gouvènman tiranik, foto a vin pi klè. Natirèlman, pou moun kouwè Pat Robertson e David Brooks, se pito ideyoloji, pa iyorans, ki motive rayisman yo pou Ayiti.

Nan repòtaj medya oksidantal yo sou tranblemanntè a yo pa janm manke ajoute litani ke Ayiti se « peyi ki pi pòv nan emisfè oksidantal la ». Kesyon yon moun dwe mande, tou dabò, se kouman yo defini « richès » an relasyon ak opoze li « povrete », e ki kalkilasyon degre ki fè yo deklare Ayiti peyi « pi pòv » ?

Si ou defini « richès » an tèm mezi kantitatif pwodiksyon ; an tèm konbyen bank ki genyen, konbyen moun k ap travay, e konbyen moun ki vin rich so do moun pòv yo, ki ap vin pi pòv e pi pòv ; si ou defini « richès » an tèm konbyen moun ki gen kay gwosè chato ak kantite kare tè, an relasyon avèk plizyè milyon moun sa yo (nan yon popilasyon total de 9 milyon) k ap viv nan bidonvil e nan kay pay ; an tèm konbyen moun ki manje selon jan yo vle e ki resevwa bon swen medikal lè yo malad, an relasyon ak lòt yo ki al dòmi grangou prèske chak lannwit e ki mouri pa santèn de milye pa mank de enfraestrikti medikal e swen ; si ou defini « richès » an tèm de degradasyon anvironnman an, pwazonnaj li e frajilite lavi ; wi, si ou aplike tip estatistik sa yo e metodoloji meziraj sa a, Ayiti ap sètennman pòv, e plismenm « peyi pi pòv nan emisfè a », selon frazoloji a.

Men si okontrè ou defini « richès » pa yon diferan meziraj metodolojik e pèspektif epistemolojik, pa yon yon diferan estanda e kritè, pa yon diferan valorizasyon ontolojik de Genyen ak Ye, w'ap sètennman vin jwenn, lè ou evalye Ayiti, yon diferan valè grad. Pa egzanp , konpare avèk laplipa peyi nan lemond, Ayiti istorikman genyen yon kantite ekstraòdinè de atis, ekriven, powèt, tirè-kontè, mizisyen, atispent, eskiltè, elatriye, parapò ak popilasyon li. Sa a se yon fè tout moun toujou obsève—e konplimante.

Si ou defini richès an tèm resous, debrouyadiz ak rezistans imen ; an tèm de validasyon e akonplisman entelektyèl e filozofik ; an tèm potansyèl imen e bèlte peyizaj peyi a (malgre deforestasyon ak polisyon tè a) ; si ou defini « richès » an tèm valè Revolisyon Ayisyen an nan fondasyon modènite nou an, an tèm de alafwa enpak dirèk Revolisyon genyen an sou tablisman eta-nasyon libere nan emisfè oksidantal la (èd sou fòm zam, lajan ak moun pou liberatè sid-ameriken Sebastian Francisco de Miranda an 1806, e Simon Bolivar an 1811), e referans senbolik li kay esklav sou plantasyon nan Etazini yo ; si ou defini « richès » an tèm de akizisyon, pa Acha Lwizyàn (Louisiana Purchase) lan, ki pèmèt Etazini akeri pliske mwatye tè li te genyen nan epòk 1804, yon lavant revolisyonè pro-endepandans e anti-esklavaj ayisyen te fòse Napoleon fè pou l te ka finanse lagè li t ap mennen kont yo e kont Angletè ; si ou defini « richès » an tèm de pozisyon antikolonyalis Eta Ayisyen nan politik mondyal, ki benefisye anpil peyi nan lemond ki t ap goumen pou endepandans yo, pami yo Grès ; si ou defini « richès » an tèm imanism e ospitalite pitit peyi a ; wi, si ou itilize okontrè meziraj sa a, Ayiti pami peyi ki pi rich nan lemond.

Erezman, gen ti richès bèlte lavi oun moun ka jwenn menm nan dekonstonbray trajik e menm nan reyalite ki montre rekonstriksyon an ap mande travay pèseverans k ap dire dèzane : Pami richès bèlte sa yo se santiman pataj doulè ak solidarite imen reyèl, inivèsèl, tranblemanntè a fè soti. Lè w melanje l avèk volonte pèp ayisyen an pou li sèvi de tranblemanntè a kou yon opòtinite pou l rebati peyi a sou baz ki miyò e pi solid, solidarite entènasyonal—ou entèpèp—la, si li ret djanm jan l ye a, ka vin yon pwojè imen transandantal ki gen dimansyon inivèl. Yon pwojè pou bati yon bagay ki bon, ki bèl e ki leve grandèt moun nan debri fatra destriksyon, kawo e soufrans. Se te pwomès Revolisyon Ayisyen an.

Sa ka se itopi, men itopi osèvis byennèt ak elevasyon moun se pa yon move mo—ni yon move jefò.

(Mas 2010)

Nesesite ak Idantite : Bezwen pou pwodiksyon ekritoryèl nan lang ayisyen

Entwodiksyon

Antanke lang ki gen yon istwa delejitimasyon ak enferyorizasyon kote yo konsidere lokitè kreyòl yo kou bèbè k ap pale yon *non-lang*, yon lang ki pa konsidere kou yon lang totalkapital, lang ayisyen an (yo rele jeneralman « kreyòl » oubyen « kreyòl ayisyen » avèk yon souzantandi pejoratif), ap mennen yon konba alafwa kòm ekspresyon idantitè, kòm medyòm refleksyon e afeksyon ideyèl e kòm mwayen kominikasyon an danje.

Nan esè sila a m'ap chache soutni esansyèlman rapò ant nesesite pou yon reapwopriyasyon idantite yon lang sipoze enferyè donk menase de meprizasyon e ostrasizasyon pèmanan, ak enpòtans pou kreyasyon ak tablisman enfraestrikti lengwistik e entelektyèl ki nesesè yo pou andjanmen lang lan.

Objektif sila a ap bezwen pou moun aji sou twa plan : 1) plan lengwistik/entelektyèl ; 2) plan politik/praksis volontaris ; 3) plan enfraestriktirèl/medyatik.

Selon nouvo done sou evolisyon ki vin bay espès imen an, nou ka di limanite pase plizyè milyon ane anvan alfabetizasyon vin tabli kou konpleman oralite. Sa vle di, *ekritoryalite* (pou m anplwaye yon neolojis Patrick Sylvain) nan limenm pa ka defini « esans » yon endividi oubyen yon pèp. Li pa ni tou pwoteje kont perisman lengwistik, si se konsa grèk ak laten pa ta konsidere jodia kou lang mòt. Sepandan, pa p ka gen yon valorizasyon serye lang ayisyen an si administrasyon Leta yo ak lekòl kontinye ap fonksyone an fransè e si ekriven yo kontinye ap itilize lang ayisyen an antanke matyè premyè oubyen talisman fòlklorik.

Ajisman lengwistik / entelektyèl

Pou enfliyanse jan sosyete ayisyen an trete e valorize lang ayisyen an, ekriven, pwodiktè entelektyèl, syantifik ak edikatè ayisyen yo dwe ekri e pwodui zèv nan lang ayisyen. Sa nou vle di pa *ajisman lengwistik / entelektyèl,* se travay moun kouwè Felix Morisseau-Leroy, ouswa Yves Dejean ouswa Michel DeGraff pou demistifye prejije kont wòl enferyè yo bay lang kreyòl ayisyen an. Pou kontrekare tandans ak pratik sila yo, ekriven, pwodiktè entelektyèl, syantifik ayisyen yo dwe montre lang ayisyen an se yon lang totalkapital, yon lang nan li ou ka ekri, diskite e pibliye « bagay serye ».

Ajisman politik / Praksis volontaris

Nan yon sitiyasyon *diglosi* oubyen nan yon rapò sosyolengwistik ant de lang kote gen yon relasyon dominasyon oubyen enferyorizasyon—kouwè relasyon lang kreyòl ayisyen an avèk lang fransè a—, yon *ajisman politik* oubyen *praksis volontaris* konsekan dwe fikse atansyon l sou nonsèlman kreyasyon literè ansanm ak piblikasyon/pwodiksyon bibliyografik, men tou e sitou sou kreyasyon baz enstitisyonèl ki ka non sèlman konsolide degre prestij palan-lokitè yo bay lang yo pale a, men sitou li ka kreye yon nouvo *dinamik epistemik valorizan* kote alafwa estanda gramatikal yo bay lang la, plas li nan sistèm valè sosyete a, e fyète idantite li fè palan-lokitè yo santi, vin kreye yon anviwonnman kalitatif nan lavi yo. Fenomèn sa a te rive an Frans nan sèzyèm ak disetyèm syèk yo, atèlpwen soti de lang meprize, enferyorize, zonbifye parapò ak laten, lang fransè a vin rive non sèlman tabli l kòm lang ki respekte tèt li e ki fè yo respekte l, men tou kòm lang dominan nan lemond.

Natirèlman li pa nesesè pou lang ayisyen an swiv menm modèl elitis e enperyalis lang fransè a pou l vin fè yo respekte l. Men li ka aprann leson praksis volontaris entelektyèl fransè sèzyèm ak disetyèm syèk yo te deplwaye, sipòte ak jefò Leta fransè e Kadinal Richelieu an patikilye, pou met resous Leta fransè kòm repondonng pou fè lang fransè a avanse.

Konsènan ka lang ayisyen an, fwa sa a tou se entèlektyèl, atis, pwofesyonèl, atizan, syantifik ayisyen, elatriye, ki dwe pran inisyativ konkrè pou pote jarèt bay pwomosyon/devlopman lang ayisyen an. Ann atandan Leta vin kore l avèk tout resous li.

Ajisman enfraestriktirèl e medyatik

Kou nou konnen, sitiyasyon lang ayisyen an prezante pwoblèm alafwa nan aseptasyon li antanke lang totalkapital, donk nan *konpetans* li, e nan kapasite *pèfòmans* li (si nou kwè kèk movèz lang ki pa rekonèt menm potansyèl pou moun di sèten bagay ladan li). Ki donk, m'ap ensiste sou enpòtans plan *enfraestriktirèl/medyatik* la, sètadi sou nesesite pou devlopman e simayennasyon enfraestrkti entelektyèl e enstitisyonèl yo (ekriti ann ayisyen, kreyasyon ann ayisyen, tablisman mezondedisyon pou devlopman zèv ayisyen, fondasyon yon Akademi Ayisyen, kreyasyon medya k ap pwomouvwa lang ayisyen kouwè radyo, televizyon, sit entènèt ann ayisyen, elatriye). Paske kouwè mwen di nan liv mwen *Critique de la francophonie haïtienne*, pawòl sèlman pa ase : « Yon kritik konsekan sou pwoblematik fransè-kreyòl oubyen anglè-kreyòl ann Ayiti ap ret kokobe si l rete sèlman sou pratik istorik ak ideyolojik ejemonism kiltirèl lan. Li dwe pote atansyon l tou sou sa nou rele manman enfraestrkti-sipèestrikti ki fè li fonksyone yo (les 'infra-suprastructures génératrices'). *Paske kilti dominan an domine non paske li pwoklame tèt li 'siperyè'; li domine paske l gen Inivèsite, lekòl, medya kominikasyon de mas yo, mezondedisyon yo, enstiti detid yo, revi syantifik yo, bibliyotèk yo, enprimri yo, sit Entènèt yo, pouvwa Leta ak mwayen Kapital pou bay pwoklamasyon l nan repondonng. (...) Nan ka kreyòl la, li bon pou nou kontrekare patipri ideyolojik yo, pawòl abitrè yo e fo agiman swadizan syantifik yo ki jistifye dominasyon lang fransè a, men fòk nou kapab mete tou sou pye yon enfraestrikti ki ka fè fas ak li.* »[1]

M'ap fè tou nan esè sila a yon ti ralemennenvini sou rapò ant langaj ak idantite, nan sans Adam Schaff diskite l daprè tèz Wilhelm von Humboldt yo ki di « genyen nan chak lang yon vizyon mond lan. (...) Men *vizyon* sa a vin ranfòse ak langaj, paske koulye a mo a limenm vin touen yon objè parapò avèk nanm moun lan, e li vin pote yon patikilarite siplemantè ki distenge l de sijè a si tèlman gen twa bagay ou wè nan konsèp la : anprent objè a, fason sijè a resevwa li, e efè mo a pwodui antanke son lengwistik. Efè sa a mo a pwodui a nesesèman domine nan chak lang pa yon analoji konstan ; epitou kou nou konnen nan chak nasyon gen yon sijektivite omojèn ki deja ekzèse aksyon li sou lang lan, genyen donk nan chak lang yon vizyon sou mond lan (...) Divèsite ant lang yo se pa divèsite son ak siy, men yon divèsite ant diferan vizyon sou mond lan ».[2]

Ekritoryalite ak idantite

Menmlè oralite te fason prensipal moun te kominike ak fè literati kreyòl ayisyen an pase, eksperyans ak pratik ekriti nan kreyòl ayisyen te ekziste depi sou tan lakoloni, omwen depi vè zòn mitan dizuityèm syèk nan kalandriye ewopeyen an. Yo te jwenn yon pakèt kont, powèm, pyèsteyat, lèt ak anpil lòt dokiman ki te ekri an kreyòl ayisyen byen lontan anvan Endepandans 1804 la. Anpil nan kolon yo yomenm te konn ekri an kreyòl ayisyen, kouwè Duvivier de la Mahautière, yon gwo chabrak nan Pòtoprens. Anpil mètesklav yo, lè yo te bezwen pou esklav yo te byen konprann yo, te ekri diskou yo an kreyòl ayisyen, yon pratik reprezantan ofisyèl koloni fransè a kontinye fè, kou pa egzanp Léger-Félicité Sonthonax ki ekri Pwoklamasyon Esklav yo (1792) an kreyòl ayisyen, oubyen tou Napoleon Bonaparte ki ekri Pwoklamasyon pou l envite ansyen esklave yo pou yo byen akeyi espedisyon Leclerc a (1801). Juste Chanlatte te ekri ann ayisyen, nan ane 1818, premye chapit pyèsteyat li a, *L'Entrée du Roi dans sa capitale en janvier 1818*.

Kou nou wè, malgre lang ayisyen an te gen yon eksperyans ekritoryèl ki monte depi sou tan lakoloni, ann Ayiti, klas dominan ayisyen yo—ki deside chwa politik edikasyon kòm chwa langaj, sijè edikasyon ak lang enstriksyon—, pa t janm panse yon moun ka ekri bagay serye nan lang ayisyen an. Se konsa, akoz alafwa mepri nouvo klas dominan ayisyen yo te genyen kont lang ak kilti ayisyen an, mepri milye entelektyèl fransè yo kont lang ak kilti ayisyen an e valè entelektyèl nouvo dirijan ayisyen yo, epitou volonte nouvo klas dominan yo pou yo kenbe « gwo pèp » la a distans, nouvo dirijan ki pran pouvwa a apre Endepandans lan vin fè yon *chwa estratejik* pou yo adopte lang, edikasyon, kilti ak kanon entelektyèl *franca lingua*—e pita *frankofoni*—kou idantite lengwistik, kiltirèl e entelektyèl yo. Nou konnen rezilta ak enplikasyon chwa sila a : lang ak kilti fransè a vin touen modèl estanda inivèsèl e konesans obligatwa nan yon kirikilòm, yon sistèmpanse ak pwogram edikasyonèl ki privilejye valè kiltirèl ak lengwistik ewopeyen yo odepan de valè kiltirèl e lengwistik afrikano-ayisyen yo. Se konsa ou ka wè yon sitiyasyon, toudabò vè ane 1804–1940 yo, kote lang ak ekriti ann ayisyen an pa t gen ankenn enpòtans nan literati otke kou atifis fòlklorik kote ekriven yo vin sèvi avè l kòm matyè premyè pou fabrikasyon bèl chelèn zèv frankofòn.

Langaj kou afimasyon sa w ye

Lè nou konsidere wòl fondamantal langaj jwe nan alafwa konpozisyon biolojik sèvo yon moun ak nan idantite pèsonèl li antanke yon lokitè nou ka gen yon ide sou kantite domaj represyon lang krcyòl ayisyen an koze nan amoupwòp yon moun.

Kèk otè nou pral site la yo ka ba ou yon mwèlyèm sou rapò ant langaj ak sa yon moun ye antanke èt imen. Gen Noam Chomsky, pa egzanp, ki di pa gen yon diferans kalite ant langaj de kretyenvivan, ke youn te soti nan Titwou-de-Nip, ann Ayiti, e lòt la nan Katye Sòbòn a Pari, an Frans : « Karakteristik jeneral estrikti gramatikal yo, Chomski di ansitan Descartes, se menm nan tout lang e reflekte kèk kalite fondamantal sèvo moun. » Pliske langaj se yon resous biolojik ine e inivèsèl, tout moun gen menm « konpetans lengwistik » depi nesans yo, epi lang yon pèp ka diferan de lang yon lòt pèp sèlman nan tip de « pèfòmans » yo fè nan lang la. Chomsky klè sou kesyon an, li di : « Se posib aspè jeneral nan estrikti yon lang ka reflekte, pa sitèlman trajè-eksperyans yon moun, men pito karaktè jeneral kapasite yon moun genyen pou l aprann. »[3]

Nan ontoloji sou moun Jean-Paul Sartre elabore nan zèv majistral li *L'Être et le Néant* (« Sa w *Ye ak Anyen* »), li akòde yon wòl santral ak langaj, patikilyèman ak *lapawòl* oubyen « *nonmen* », anfèt yon ekspresyon misye anpil moun konnen se lè li te di « nonmen yon bagay se chanje bagay la », nan sans ke « lapawòl », sètadi ekspresyon lengwistik yon moun lanse nan bouch li (oubyen pa lòt vwa) gen yon enfliyans definitif, konsiderab, sou ajisman lòt moun. Ki jan sa fèt ? Sa rive paske jan Sartre di lapawòl se yon aksyon ki gen siyifikasyon e ki bay siyifikasyon. Antanke otopwoklame « ajan deziye » lokitè a gen yon libète total pou l chwazi objè a jan konsyans li oubyen sèvo li byen grape sitiyasyon an :

« Pou konprann yon fraz konpayon w lan di, anfèt konprann ki sa li 'vle di', ki sa li siyifi, sètadi marye m avèk mouvman transandans li, jete kò m ansanm avè l bò kote tout posiblite, tout finalite, e retounen ankò bò kote tout ansanm mwayen òganize yo pou m ka konprann yo apati fonksyon ak finalite yo. ».[4]

Pou Georges Gusdorf, ki te enfliyanse pa konsepsyon fenomenolojik Jean-Paul Sartre yo sou lapawòl antanke libète kreyatif, lapawòl se « trezò mond moun » lan sètadi papòt ki mennen l « de animalite ak limanite ». Misye remake « lòt animal yo pa konprann siy, men sèlman siyal » eke kouman ak lapawòl la limenm endispansab e fondamantalman esansyèl nan konstitisyon yon èt imen : « Chak èt imen ki vin nan mond lan reprann poutèt li travay espès imen an, yon travay ki esansyèl depi kòmansman moun : vini nan lemond se *kòmanse pale (pran lapawòl)* pou chanje eksperyans nan yon inivè diskou. »

Pou Gusdorf, souverennte langaj oubyen pi presizeman lapawòl « enplike, gen ladann yon pwojeksyon lemond lan » ; ak vwa lapawòl yon priz konsyans vin antre nan moun lan, donk lapawòl « se èt yon moun ki pran konsyans de tèt li—li se ouvèti sou kote transandans ».[5]

Si nou layite sitasyon sila yo se pou nou ka tabli enpòtans langaj ak lapawòl nan kalite yon moun, epi kan lapawòl, sètadi pwodui fakilte langaj sa a, denye, alyene, meprize, denigre, enferyorize, kriminalize e zonbifye nan sosyete moun lan ap viv la, ki jan de dega emosyonèl e egzistansyèl li ka koze ka endividi a oubyen kominote lokitè yo.

Oralite kont ekritoryalite

Nan istwa moun genyen twa (3) sistèm ekriti ki rekonèt kòm sous orijinèl tout ekriti modèn apre yo pase nan yon pakèt seri chanjman. Twa sistèm sa yo se sistèm ekritoryèl Ejipsyen an (dekouvri vè zòn 3100 Anvan Epòk Kretyen an), sistèm

Chinwa a (dekouvri vè zòn 1200 Anvan Epòk Kretyen an), e sistèm Amerik Santral la (dekouvri vè zòn 600 Anvan Epòk Kretyen an). Anpil akewològ (espesyalis ki fouye ansyen kilti) fè remonte ekriti senk mil lan anvan sa, depi envansyon « tokenn » an Mezopotani, ki te ti pyès ajil oubyen tè kuit yo te moule nan diferant fòm alepòk koumansman tan neyolitik (vè zòn 8000 Anvan Epòk Kretyen an) pou reprezante byen yo (grenn plant, nouriti, lwil, betay, elatriye). Li enteresan pou nou souliye sistèm ekriti Ejipsyen an te enfliyanse devlopman alfabè lang ewopeyen yo kouwè grèk pa egzanp. Filozòf Tasit (Tacitus) vin rekonèt sa vè zòn premye syèk ewopeyen Apre Epòk Kretyen an. Anpil rechèch lengwistik e antwopolojik montre gen entèrelasyon ant plizyè lang azyatik, ewopeyen ak afriken yo.

Li pa t pran lontan apre dekouvèt teknik sistèm ekriti yo—keseswa an Mezopotani, ann Ejip, an Chin oubyen ann Amerik Santral—pou pèp yo wè valè li alafwa antanke èd-memwa, grefye pou listwa, bayèdenoblès ki kapab bay prestij ak klas. Depi anvan ekriti, oralite oubyen lapawòl te gen tan genyen yon ora, yon prestij otorite ki bay otorite ak admirasyon ak sila yo ki konn byen manipile teknik langajye yo. Dekouvèt ekriti vin kwafe yon epistemè ak paradigm yerachi ki kontinye ap fonksyone jouk jounen jodia.

Endyen Maya yo te elabore yon gran sistèm enskripsyon senbolik pou fòmalize rityèl relijye yo e fòmile chematikman demann ak aspirasyon yo. Women yo, pita, vin itilize lang laten an ansanm ak kasetèt ekriti laten an pou yo enpoze enperyalism lengwistiko-kiltirèl yo (ki se konpayèl enperyalism militè, politik e ekonomik lan). Se konsa evantyèlman lang ak kilti laten an vin tounen kanon lengwistik ak referans kiltirèl inivèsèl pou yon pakèt peyi nan plizyè kontinan.

Byenke estrikti sentaks lang ayisyen an gen plis awè avèk lang afriken ke ewopeyen, li swiv pratikman menm trajè parapò ak fransè ke fansè parapò ak laten. Eksepte poko rive ann Ayiti jan de anbrasad jeneral fransè a vin konnen kay anpil ekriven, filozòf, atis ak syantifik fransè, ki te vin fyè de lang yo e deside fè li yon lang primòdyal pou pwodiksyon ekspresif yo. Sitiyasyon epistemik sa a poko rive ann Ayiti. Tiboujwa entelektyèl ayisyen an ki tire pwofi privilèj ak sans pouvwa pratik lang ak kilti fransè a ba li, fè tout sa li kapab pou l delejetimize lang ayisyen an, jiska fè l parèt tankou yon vyolasyon règ byenseyans pou yon moun pale kreyòl ayisyen an piblik. Yo dekonsidere itilizasyon li kou yon medyòm lengwistik enpòtan nan zafè administrasyon Leta, nan lekòl, nan inivèsite, nan sen medya yo, e menm nan relasyon pèsonèl.[6]

Iwonikman, menm diran epòk laj dò retorik ak laglwa oralite ak *éloquence* ann Ewòp ak nan peyi Gol (Gaul oubyen ansyen Lafrans) nan katriyèm syèk Apre Epòk Kretyen an, prestij ak enfliyans tèks ekri kontinye ap jèminen. Te gen anpil demann pou tèks ekri pou ranfòse e andjanmen teknik retorik oubyen fòs diskou oral yo. Fenomèn primòdyalite oralite sou ekritoryalite rive tou ann Ayiti, paske tou dabò ekritoryalite pa t janm yon opsyon pou yon mas pèp non sèlman yo kenbe analfabèt men tou yo fè yo konnen lang yo pale a pa yon lang ou ka ekri anyen serye ladann l. Malgre jefò admirab ekriven kouwè Felix Morisseau-Leroy, Frankétienne, Max Manigat, Patrick Sylvain, Michel-Ange Hyppolite oubyen otè esè sila a, pou avansman ekriti nan langay ayisyen, grann majorite ekriven ayisyen refize pwodui zèv an kreyòl ayisyen. Nou di « pwodui zèv » e non « ekri », paske anpil nan yo, kouwè Edwidge Danticat, ekri tou an kreyòl ayisyen, men yo pa pibliye yo ni ba yo enpòtans yo merite (paske epistemè entelektyèl an vigè a pa valorize ekriti an kreyòl ayisyen, ni rekonèt li kòm lang lejitim).

Pou simonte e rezoud pwoblematik sila a, gen de enperatif, de ekzijans, de objektif enpòtan ki jwenn youn ak lòt : 1) Nesesite pou yon prizdekonsyans sou enpòtans rekonesans lang kreyòl ayisyen an kou lang lejitim nasyonal pèp ayisyen, ki gen dwa parite (dwa trètman egalego) avèk tout lòt lang nasyonal nan lemonn ; 2) enpòtans praksis e pratik ekritoryèl, sètadi nan ka pa nou an, pwodiksyon ekri nan lang ayisyen keseswa nan atik jounal, nan lèt pèsonèl, nan dokiman administratif, nan tèz ak rechèch inivèsite, nan liv oubyen nan ekriti elektwonik sou Entènèt.

Lengwistik anpirik e rapò de pouvwa ann Ayiti

Antanke ekriven, lang oubyen langaj gen yon fasinasyon espesyal pou mwen. Ekri nan twa lang (ayisyen, fransè ak anglè) ogmante amou mwen pou lang anmenm tan ak efè majik li yo. Ann Ayiti pale pa inosan e sa yo ki gen pouvwa pale toujou kontwole pouvwa politik ak pouvwa ekonomik la. Depi l te monte opouvwa an 1957 jiska ranvèsman li an 1986, rejim diktati divalyeris la toujou kontwole lapawòl, san wetire sa ki ekri. Men lapawòl te toujou domine e kontwole pa klas sosyal e politik yo ki pran pouvwa a apre Endepandans. Trajè kontwòl lapawòl pa lelit frankofonis oubyen frankolonize ann Ayiti a, selon bèl mo Idi a, pa diferan de kontwòl divalyeris la : toulède anpeche moun denonse enjistis e eksprime dwa yo. Anfèt se klas dominan yo ki trase chemen an, akoz politik lengwistik yo chwazi adopte depi okòmansman, kote yo pa pran lontan pou reyalize kontwòl lengwistik se yon bon zam pou enpoze lòd ak obeyisans—e anmenm tan an konsève grapman menmiz politiko-ekonomik lan.

Wi, lapawòl, ni ekri, pa inosan. Sa nou refere sou tèm « lengwistik anpirik » nan soutit pi wò a, se fonksyonalite nan reyalite yon langaj, kouman li sèvi oubyen pa sèvi kominote lokitè yo nan sitiyasyon anpirik y'ap viv lan. Parèyman a sitiyasyon lengwistik anpil lòt peyi, men avèk yon ekzajerasyon pwononse ann Ayiti, langaj fransè a gen lòt itilizasyon ke medyòm pou kominikasyon e enfòmasyon. Li se dabò yon referan idantitè de klasifikasyon ki idantifye e kataloge ran sosyal palan-lokitè a. Nan echanj langajye pami lokitè yo, objektif la se pa ni konpreyansyon, ni literasyon, ni entèleksyon, ni edikasyon, ni enfòmasyon. Se yon echanj ki la inikman pou epate, pou enpresyone entèlokitè a sou fòmasyon e kapasite entelektyèl lòt entèlokitè a, montre kouman li ka itilize lang fransè a avèk tout difikilte ak pyèj gramatikal li gen ladann. Byennantandi, wòl senbolik yo bay langaj ann Ayiti pa toutafè diferan de jan li anplwaye nan lòt peyi, men nan ka itilizasyon fransè ann Ayiti a ou wè yon sistematizasyon, yon politik esklizyon, yon estrateji de bèbètizasyon ki pi pwononse e pi jeneralize.

Prejije kont ekri nan yon lang jije « enferyè » parapò ak « opsyon » pou ekri nan yon lang dominan jije « siperyè », se yon pwoblematik anpil ekriven lang vènakilè ewopeyen te konfwonte nan epòk Mwayennaj yo kote se te lang laten ak grèk ki te sèl lang « serye » e konvenab nan administrasyon Leta, nan edikasyon, nan pwodiksyon entelektyèl, elatriye. Pita, avèk konsolidasyon anpi fransè a ann Ewòp, ann Afrik e ann Amerik, *lingua franca,* sètadi ejemoni lang ak kilti fransè a, vin sèl kòk chante e layite (deplwaye) menm represyon kouwè laten kont lang pèp anpi fransè a te konkeri.

Rezistans ak Praksis volontaris

Byenke diktati janklodis la, avèk refòm alfabetik an 1979 nou konnen sou non Refòm Bernard a, vin akonpli premye jefò serye Leta ayisyen nan sans respektabilite lang ayisyen an, li pa vrèman chanje rapò inegalite politiko-lengwistik, ni rapò inegalite prestij entelektyèl ki genyen ant lang fransè ak lang ayisyen an.

Genyen anpil pwogrè ki fèt de epòk lang ayisyen an te konsidere kou yon non-lang, yon patwa enferyè ki pa t gen vwaochapit, ak epòk koulyea kote gen ekriven k ap ekri ladann li, lektè k ap li li (menmsi yo pa anpil) e kolòk k ap òganize osijè l. Sepandan sa pa di aseptasyon lang ayisyen an vin inivèsalize, menmsi sa endike pwogrè nan pwosesis lejitimasyon ak valorizasyon li. Sa pa vle di sitou blòk opozisyonèl retranche, kòryas, kont lang ayisyen an pa toujou la—okontrè.

Sa sa vle di, sa li montre sèke praksis militan pou vansman lang ayisyen an koumanse ap pran anpil nanm eke pwosesis konsyantizasyon an ap kontinye. Konbyen tan li pral pran ankò pou Leta ayisyen an dekrete lang ayisyen kòm lang prensipal e primòdyal ? Nou pa konnen, men travay pou pwodui nan lang ayisyen an pa bezwen ret tann Leta.

Gen anpil leson valab nou ka aprann nan inisyativ volontaris tigwoup entelektyèl fransè yo nan sèzyèm ak disetyèm syèk ewopeyen an ki te ensiste ekri an fransè, ansanm ak aksyon Kadinal Richelieu a kan li te kreye Académie Française la, nan lespri, jan nou konnen, pou chanje estati lang fransè a, de lang enferyè parapò a lang laten an lang de prestij dominan (menmsi nan ka pa lang ayisyen an nou pa p chache dominasyon).

Wi, presedan tablisman Académie Française gen anpil leson valab ki ka ede n nan praksis volontaris nou ka met soupye pou chanje sitiyasyon oubyen estati lang kreyòl ayisyen an, de lang domine kalifye « enferyè », ki pa gen dwa nan majistralite entelektyèl « lang serye », an lang lejitim, lang totalkapital ak kapasite egalego avèk lòt lang etabli yo.

Se vre, nan ka fransè a, otorite politik e entelektyèl fransè yo—ki vin antre an konfli avèk otorite Wòm yo e otorite lang laten an—, praksis volontaris la te detèmine pou yon grann pati pa pwòp objektif dominasyon Leta enperyal fransè a. Sètenman. Men leson nou ka retni a—kou nou wè nan ka retablisman lang hebre ann Izraèl—, sèke lang ak langaj yon kominote se yon kò vital, sètadi dinamik, ki kapab anime, fonksyone, vivifye e repwodui nan tout anviwonnman ki kiltive l e ankouraje l.

Yon praksis militan pou defann e andjanmen lang ak kilti ayisyen an vin ankò pi enpòtan jounen jodia, apre dal destriksyon tranblemanntè a—pèp la batize sou tinonjwèt « goudougoudou »—vin koze nan nonsèlman nan lavi moun ak kay moun e edifis piblik yo, men tou nan patrimwàn kiltirèl pèp ak nasyon an kote ou wè anpil sèk pwotestan (anpil nan yo ki enfliyanse ak remak rasis pastè Pa t Robertson yo), vin denonse e kondane relijyon vodou ayisyen an kouwè l ta reskonsab pou kalamite ayisyen yo « paske yon fè yon pak ak Satan lè yo te pran endepansans yo ».

Akademi Ayisyen : Jefò pou yon nouvo epistemè

Yon Akademi Ayisyen, Leta ak sosyete sivil la ansanm ak gwoup aktivis kiltirèl ou sitwayen aktif pran angajman pou yo soutni, ka jwe yon wòl desizif nan jefò valorizasyon lang ayisyen an epitou nan jefò pou kreye yon nouvo epistemè ki ranvèse sistèm de valorizasyon ki koumanse depi sou lakoloni a e ki benefisye sèten klas sosyal e ki ankouraje lakay pèp la jakorepetisyon, rayisman pwòp tèt yo e asimilasyon absid ak yon sistèm lengwistik etranje ki zonbifye identite palan ayisyen yo.

Se pou tout rezon sa yo, mwen rele pou tablisman yon nouvo epistemè, sètadi yon nouvo òddevalè, yon nouvo sistèmdepanse, sistèmdekwayans e sistèmdaji ki valorize pwodiksyon entelektyèl e atistik an lang ayisyen. Nouvo epistemè an ap mete aksan sou kalite estetik zèv ki ekri ann ayisyen e degre seryozite travay la. L'ap bay bèl pri ekselans, ki glorifye otè ki ekri bèl chelèn literè an lang ayisyen, e avili sa yo ki kreten ladann e ki pa respekte règ li yo. Gen moun ki panse paske se lang ayisyen li ye tout bagay ka pase. Sa a se ansyen epistemè. Nouvo epistemè ayisyen an ap vin adopte menm kritè otantikasyon ak koreksyon ke tout lang etabli nan lemond, dominan ou non, ki gen kritè ak sa ki bon eki pa bon nan itilizasyon lang lan. Tout bagay pa ka pase, paske konesans ak kominikasyon enplike yon entelektyalite ki ap benefisye de nyans ak sofistikasyon langaj.

Yon Akademi Ayisyen, si li pran yon praksis volontaris nan avansman lang ayisyen an (e ba li yon baz enstitisyonèl djanm), ka jwe yon wòl pozitif premye plan ki ap ede l tabli respektabilite, donk nòmalite, donk pwojeksyon alafwa sengilarite e inivèsalite li nan afimasyon idantite ayisyen an. Akoz de praksis volontaris pyonye kouwè Felix Morisseau-Leroy, Franketienne ak Yves Dejean, aseptabilite lang kreyòl ayisyen an koumanse antre nan reyalite òdinè klas entelektyèl ayisyen an, menmsi gen yon rezidyèl, yon ti kras, sitou nan konsèvatism elitis la e pami tiboujwa entelektèl alyene yo, ki vle lite kont travay liberasyon lengwistik la, e ki wè li kou yon menas kont kontinyasyon estatiko (*statu quo*) dominasyon fransè a (ansanm ak anglè a) sou lang ayisyen an.

Kou nou di pi devan an, langaj pa inosan, nou ta ka di tou, lang, kilti ak konsepsyon yon fòs dominan pote avèk li pa inosan ; li ranfòse e konsolide tout lòt karakteristik fòs dominan an, keseswa sou plan ekonomik, militè, kiltirèl e entelektyèl.

Nou ka di tou, yon epistemè pa senpleman yon sistèmdekwayans e fonksyonnman sosyal e ideyolojik yon lòt ka depase, li se tou yon sistèmdekwayans e fonksyonnman sosyal e ideyolojik yon praksis volontaris segonde, ki si tèlman ankre nan sosyete a e nan sèvo sitwayen yo ke l vin otodetèmine e otokiltive jiska yon pwen ki fè l vin parèt kou yon segonn nati. Jounen jodia pèsonn pa ta ka panse lang fransè ak kilti fransè a pa ka lang ak kilti dominan nan pwòp peyi Lafrans. Sepandan sa te rive an Frans sou tan dominasyon women.

Tablisman yon Akademi Ayisyen ap patisipe nan jefò pou kreye nouvo epistemè an, nan sans sa a Konstitisyon 1987 ayisyen an te fè yon bon chwa lè li te entegre tablisman yon Akademi Kreyòl Ayisyen kou yon objektif fondamantal nan koreksyon ak respè dwa pèp ayisyen e nasyon ayisyen an— chwa sa a endike Konstitisyon an byen konprann e anbrase karakteristik lengwistik e kiltirèl pèp la kou atou idantitè li dwe fyè de li.

Anplis, yon Akademi Ayisyen ka jwe yon wòl estimilatè konsiderab nan lefètke l demontre respè yon enstitisyon Leta genyen pou lang lan, epitou l ka ankouraje—e layite resous pou—, pwodiksyon entelektyèl nan lang ayisyen an, patikilyèman onivo ekriti ak enprimri, san retire pwodiksyon elektwonik oubyen nimerik (konmpuitè).[7]

Epitou, yon Akademi ka se yon Depozwa oubyen Ogatwa kiltirèl, kote tout laye ekspresyon kiltirèl e lengwistik pèp ayisyen, patikilyèman pwodiksyon an lang ayisyen, ap vin jwenn refij pou branle e vivifye richès kiltirèl tout nasyon an. Yon Akademi tou, menmlè li pa ta defini estanda, sètadi nivo kalite aseptab, yon zèv entelektyèl ouswa atistik (yon fonksyon ki pa nesesèman pa bon menmsi li pa endispansab), li ka sitou ede nan pwodiksyon ekritoryèl e nan valorizasyon ideyèl lang ayisyen an.

Nou vle ensiste di tablisman yon Akademi Ayisyen ann Ayiti pa dwe nesesèman imite modèl Académie Française la, ki li te adopte pètinàmman yon apwòch elitis e enperyalis sou langaj. Fò n pa bliye tou, alepòk Académie Française la te vin fòme (1634), deba nan douzyèm syèk ewopeyen an pami gwoup entelektyèl ki te konn li e ekri yo—prèt, ekriven, doktè, avoka, powèt, elatriye—ant sipòte pliralis/eteodoksi ak sipòtè santralizasyon / òtodoksi te deja deside anfavè òtodoksyen-santralizasyon yo (tcheke Richard Leo Enos).

Okontrè, nan jefò k ap mennen koulyea pou alafwa estriktire e valorize lang ayisyen an, mwen sigjere pou fè lekontrè apwòch Académie Française la. Olyede yon apwòch esklizivis oubyen elitis kote nou seleksyone inikman travay yon ti gwoup privilejye nan klas entelektyèl la kòm sèl reprezantatif de kalite ak valè zèv Akademi Ayisyen an rekonèt, mwen prefere—e li ap pi bon—pou Akademi Ayisyen an adopte yon apwòch akimilatris oswa konplemantaris kote l'ap ede chèche, idantifye e rasanble zèv ki ekri nan lang ayisyen toupatou yo pwodui yo. Sèl kritè rejeksyon ta zèv fantezis, kreten, parese ki pa respekte minimòm entegralite lang ayisyen an ansanm ak minimòm desans entelektyèl.

Yon Akademi Ayisyen se yon enstriman enstitisyonèl osèvis de alafwa yon chwa ideyolojik, yon praksis volontaris ak yon angajman moral pou vansman valorizasyon ak nòmalizasyon, sètadi fonksyonnman maksimòm, yon lang istorikman klas dominan ak lelit entelektyèl yo (ki kontinye ret opouvwa jouk jounen jodia) konsidere kou enferyè e ilejitim.

Konklizyon

Youn nan rezilta enpòtan mwen ta renmen soti nan nannan Kolòk la, apa tablisman yon Akademi Lang Ayisyen ann Ayiti, se yon sòt de presyon, yon sòt de obligasyon enperatif pou ekriven ayisyen ekri tou ann ayisyen. Pou yo pa bezwen pou yo sèvi sèlman ak lang kolon an pou yo afime yon idantite kiltirèl e fè sikile yon kominikasyon ouswa refleksyon.

Nou dwe tou evite tout politik lengwistik demagojik ki ta vle fè tidifevole pou mennen yon lagè kont fransè ann Ayiti, yon pwendvi trè reduizif ki badijonnen pliske de syèk kilti ak literati ayisyen an lang fransè, yon eksperyans ki lese pou nou yon patrimwàn mèveye ki fè fyète Ayisyen. Okontrè yon vrè bilengism ann Ayiti, ki respekte prensip parite, sètadi trètman egalego ant de lang ayisyen yo, ap ede tou simayennasyon e ogmantasyon moun ki pale e ekri fransè.

Menmlè fason yon moun itilize yon lang kondisyone pa faktè itilizab kouwè bezwen nan yon sitiyasyon anpirik, pa egzanp nesesite pou negosye yon tranzaksyon oubyen pou eksprime yon santiman, sosyete fè de lang tou lòt anplwa, kou pa egzanp ann Ayiti kote langaj itilize kòm enstriman pou pwoteje e mentni yon sitiyasyon sosyo-ekonomik enjis ak yon sistèm politik opresif. Wi, langaj pa inosan. Jounen jodi a li endispansab pou milye pwogresis ayisyen yo angaje yo nan travay pwomosyon ekriti nan lang ayisyen an. Plis yon ekriven ekri e pibliye nan lang kreyòl ayisyen a, se plis l'ap valorize lang lan e se plis l'ap ede l kreye yon epistemè valorizan e estandadizasyon kalitatif. Epistemè valorizan nan sans kreyòl ayisyen an vin tabli kòm referans lengwistik inivèsèl peyi d Ayiti—kouwè lang fransè vin ye nan peyi Lafrans nan disetyèm syèk ewopeyen an. Pa estandadizasyon kalitatif nou vle di nan sans respè règleman gramatikal e ekritoryèl lang ayisyen san l pa limite ni tou andikape kreyativite entelektyèl, filozofik e atistik nan lang lan.

Yon endividi, yon pèp oubyen yon nasyon pa bezwen sèlman konfò ekonomik ak lòd sosyopolitik pou li santi l atenn potansyèl elevasyon egzistansyèl li ; li bezwen tou atenn potansyèl ideyal li, sa l reve pou l ye e viv avèk amoupwòp pou sa li ye. Yon dominasyon politik pa konplè si li pa konplemante ak dominasyon entelektyèl ak kiltirèl. Pami fòs li te reyini pou envazyon Ejip la, Napoleon Bonaparte te met ladann anpil entelektyèl, pwofesè, filozòf ak savan, pou l te asire l konkèt la te konplè.

Si donk yon dominasyon konplè enplike yon opresyon kiltirèl, entelektyèl e lengwistik, li klè liberasyon nasyonal ayisyen an pa p konplè si li pa gen ladann liberasyon lengwistik e kiltirèl. Travay pou valorizasyon lang ayisyen an patisipe nan pwosesis liberasyon e devlopman tout peyi a.

Nòt

1. Tcheke Tontongi, « Sou langaj ak idantite », nan *Critique de la francophonie haïtienne*, ed. l'Harmattan, Pari, Lafrans, 2007.

2. Tcheke *Langage et connaissance*, pa Adam Schaff, edisyon Anthropos, Pari, Lafrans, 1969.

3. Cf. Noam Chomsky, *Language and Mind*, site pa Fred Dallmayr nan *Language and Politics*, UNDP près, Lond, Angletè, 1984.

4. Tcheke Jean-Paul Sartre, *L'Être et le Néant,* ed. Gallimard, Pari, Lafrans, 1943.

5. Cf. Georges Gusdorf, *Speaking (La Parole,* 1953), site pa Fred Dallmayr nan *Language and Politics,* UNDP près, Lond, Angletè, 1984.

6. Natirèlman gen pwogrè ki fèt, patikilyèman nan medya oral yo, kote itilizasyon lang ayisyen an deplizanpli asepte kòm nòmal.

7. *Konmpuitè* ak *òdinatè* ka itilize youn oubyen lòt, fakiltativman, kouwè anpil lòt mo etranje ki kreyolize.

Bibliyografi

Adam Schaff, *Langage et connaissance,* Edisyon Anthropos, Pari, Lafrans, 1969.

Jean-Paul Sartre, *L'Être et le Néant,* Edisyon Gallimard, Pari, Lafrans, 1943.

Georges Gusdorf, *Speaking (La Parole,* 1953).

Fred Dallmayr, *Language and Politics,* UNDP près, Lond, Angletè, 1984.

Roland Barthes, Roland, *Le bruissement de la langue,* Edisyon Seuil, Pari, Frans, 1984.

Pierre Bourdieu, *Ce que parler veut dire,* Edisyon Fayard, Pari, Frans, 1982.

Noam Chomsky, *Rules and Representation,* Edisyon Columbia University Press, Nouyòk, 1978 ; 2) *Studies on Semantics in Generative Grammar,* series Minor, 1971 ; 3) *Aspects de la théorie syntaxique ;* Edisyon MIT Press, 1965, 4) *Syntactic Structures,* Hague, Edisyon Mouton, 1957.

Yves Dejean, « Créole, école, rationalité », Revi *Chemins Critiques,* 2002 / Revi *Tanbou,* 2002.

Frantz Fanon, *Peau noire, masques blancs,* Edisyon Seuil, Pari, Frans, 1952.

Michel Foucault, *Les mots et les choses,* Edisyon Gallimard, Pari, Frans, 1966.

Paulo Freire, *La pédagogie des opprimés*, suivi de *Conscientisation et révolution*, Edisyon Maspero, Pari, Frans, 1974.

Maximilien Laroche, *La littérature haïtienne*, Edisyon Leméac Inc., Ottawa, 1981 ; 2) *Prensip marasa*, Edisyon Grelca, Kebèk, Kanada, 2004.

Edward W. Said, *Culture and Imperialism*, Edisyon Alfred Knopf, Nouyòk, Etazini, 1993.

Richard Leo Enos, *Oral and Written Communications*, Edisyon Sage Publications, Kalifòni, Etazini 1990.

Andrew Robinson, *The Story of Writing*, Edisyon Thames and Hudson, Lond, Angletè, 1995.

Roy Harris and Talbot J. Taylor, *Landmarks in Linguistic Thought* Vol. I, Edisyon Routledge, Lond e Nouyòk, 1989.

Tèks sa soti pou premye fwa nan Ak Kolòk sou Akademi Kreyòl Ayisyen an 2012. Ou ka jwenn liv Ak Kolòk la *Akademi Kreyòl Ayisyen : ki pwoblèm ? Ki avantaj ? Ki defi ? Ki avni ?* lakay Éditions de l'Université d'État d'Haïti : 18, rue Cheriez, HT 2115, Port-au-Prince, Haïti (tél. 22.27.79.49/50/54). Adrès sou Facebook : EdUEH : https://www.facebook.com/pages/Editions-de-lUniversite-dEtat-dHaiti-EdUEH/350165535000429?id=350165535000429&sk=info

Bravo pou vot lwa sou Akademi Kreyòl Ayisyen an nan Palman : Valorizasyon nan dyeksyon yon chanjman epistemik ann Ayiti

Avèk vot pa toude chanm Palman Ayisyen an jounen 1 ak 2 jiyè 2013 ki sot pase yo kont objeksyon Michel Martelly pou tablisman lalwa sou Akademi Kreyòl Ayisyen an, yon travay ki posib gras ak kouraj depite ak senatè yo e gras ak travay san lachepriz Komite Pou Tabli Akademi Kreyòl Ayisyen an, lang kreyòl ayisyen an antre nan yon faz pratik e itilizatris kote sa m rele yon chanjman epistemik ap lantman e asireman pran pye. Premye vot lalwa a an desanm 2012, ki gen tit ofisyèl « Lwa Pou Kreyasyon Akademi Kreyòl Ayisyen An », ansanm ak konfimasyon dezyèm vot Palman an, ki enfimize objeksyon Martelly yo, se yon aksyon pozitif.

Objeksyon Martelly yo pa etonan lè n mete yo nan kontèks desizyon li pran pou se lang fransè ki sèvi nan CARICOM. Vot la reyisi kont yon opozisyon anti-kreyòl kay Martelly ak kay anpil lòt ann Ayiti e ki sanble li motive plis pa reflèks frankolonyal ke pa konviksyon. An n espere Martelly pa p kontinye ap jwe yon wòl obstriksyonis kont yon pwojè nasyonal ki gen enplikasyon ak konsekans e benefis estratejik si enpòtan pou alafwa yon nouvo naratif sou Ayiti ak yon pwojè devlopman kalitatif.

Lalwa a gen 17 *konsiderasyon* jistifikatif ki ale de afimasyon dwa konstitisyonèl pou kreye e fonde ann Ayiti yon Akademi Kreyòl Ayisyen, ak modalite pratik pou li akonpli misyon li. Lalwa a te orijinalman prezante e parene pa Senatè Jean William JEANTY, Westner POLYCARPE, Jean Maxime ROUMER, Francois Lucas SAINVIL, Simon Dieuseul DESRAS, Jean Baptiste BIEN AIME, Riche ANDRIS, Joseph Joel JOHN, Pierre Franky EXIUS. Kò Lejislatif la vote lalwa sa a pa majorite toude chanm yo.

An n site kèlke grenn nan konsiderasyon yo :

« Lè nou konsidere reyalite lengwistik peyi d Ayiti kote tout popilasyon an pale kreyòl, konprann kreyòl epi viv tout lavi Ii an kreyòl ; »

« Lè nou konsidere dwa popilasyon an genyen pou Ii viv nan lang Ii san rezèv kit se nan pale kit se nan ekri ; »

« (…) Lè nou konsidere pwoblèm edikasyon nan peyi d'Ayiti se yon baryè pou popilasyon ayisyen an fè devlopman politik, ekonomik, sosyal peyi a …»

Lwa a site wòl prensipal jwe pa *Komite Inisyativ pou mete Akademi Ayisyen an kanpe* (konnen tou sou son *Komite Pou Tabli Akademi Kreyòl Ayisyen an)*, nan kreyasyon lalwa a, li raple prewogatif konstitisyonèl desizyon an : « Lwa sa a kreye "Akadcmi Kreyòl Ayisyen" an jan Konstitisyon 1987 amande a mande 1 nan Atik 213 ak 214-1. »

Atik 2, 3 yo endike : « Syèj ofisyèl *Akademi Kreyòl Ayisyen* an nan Pòtoprens. Konsèy Akademisyen yo ka deside transfere Ii nenpòt kote sou teritwa nasyonal la si sa nesesè. »

« *Akademi Kreyòl Ayisyen* an se yon enstitisyon Leta. Li endepandan e Ii kouvri tout peyi a. Li gen karaktè administratif, kiltirèl ak syantifik. »

Premye pwen nan Chapit 1 Chat enstitisyon an gen awè ak estrikti administraktif li : « *Akademi Kreyòl Ayisyen* an ap fonksyone ak kat (4) ògàn : a) Yon Konsèy Akademisyen ; b) Yon Konsèy Administrasyon ; ch) Yon Konsèy Konsiltatif ; d) Yon Sekretarya Egzekitif. » (Atik 13)

Plizyè lòt seksyon ak souseksyon endike wòl respektif chak ògàn yo. Premye seksyon an souliye misyon ak travay Konsèy Akademisyen an : « Konsèy Akademisyen an se pi gwo otorite Akademi Kreyòl Ayisyen an. Se Ii ki dwe bay oryantasyon pou Akademi an fonksyone kòmsadwa » (Atik 14). « Konsèy Akademisyen an gen pou Ii :

a) Defini politik jeneral Akademi an ; b) Fè eleksyon pou chwazi manm Konsèy Administrasyon yo ; ch) Pran desizyon kraze Konsèy Administrasyon an si sa ta nesesè apre dizon ⊠ manm nan Konsèy Akademisyen an ; d) Konvoke Konsèy Administrasyon an pou mande Ii rann kont sou travay I ap fè. » (Atik 14, 15)

Souseksyon 1.2 ki vin apre a, titre « *Kondisyon, kantite, reprezantasyon ak manda Akademisyen an* », bay plis detay sou kesyon ki nan bouch tout moun : Ki sa yon Akademi ye ? Ki wòl li jwe ? Atik 19 lan reponn li : « "Akademisyen" se yon tit onorifik. Moun ki gen tit "Akademisyen" p ap travay pou lajan, Ii pa gen salè, jan Atik 214 Konstitisyon 1987 amande a mande Ii.» Atik 20 an etale kondisyon kalifikatif elemantè yo : « Pou yon moun vin gen tit Akademisyen ... li dwe : a) Ayisyen, fi kou gason ; b) gen 40 lane pou pi piti ; ch) ap jwi dwa sivil ak politik Ii, epi Ii pa gen pwoblèm ak lajistis ; d) moun ki travay, ki fè rechèch nan lang kreyòl la osnon sou lang kreyòl la ; ki pwodui an kreyòl osnon sou lang kreyòl bon jan travay ki gen bon jan valè pou avansman ak devlopman lang kreyòl la ; moun sosyete a deja rekonèt zèv Ii ap fè pwomosyon pou avansman lang kreyòl la.» Atik 21 an endike : « Kantite Akademisyen yo nan *Akademi Kreyòl Ayisyen* an se 33 pou pi piti, 55 pou pi plis.» Atik 22 : « Akademisyen yo ap soti toupatou nan peyi a nan tout domèn. Se enstitisyon ki ap travay sou lang kreyòl la k ap pwopoze moun sa yo.»

Sou kesyon ki reprezantasyon ak kalifikasyon moun ki dèyè vot lalwa e ki pral dirije li, Atik 23 a klarifye ke se : « Enstitisyon ki fòme "Komite Inisyativ pou mete *Akademi Kreyòl Ayisyen* an kanpe" ak enstitisyon ki te aktif nan oganize Kolèk oktòb 2011 lan, k ap gen pou chwazi premye manm yo nan lis yo va resevwa. Enstitisyon sa yo se : Inivèsite Leta d Ayiti ; Ministè Levasyon Nasyonal ak fòmasyon Pwofesyonèl ; Ministè Kilti ; Fakilte Lengwistik Aplike (FLA) ; Jounal *Bon Nouvèl* ; Konfederasyon Nasyonal Vodouyizan Ayisyen ; Sosyete Animasyon ak Kominikasyon Sosyal (SAKS).» Atik 23-1 di se « Konsèy Akademisyen an ki ap genyen pou chwazi lòt manm ki pou rantre yo ».

Atik 24 la klarifye : « Akademisyen yo kapab soti nan nenpòt sektè, nan nenpòt kote nan peyi a, depi yo respekte kondisyon ki nan Atik 20 an.»

Kèk pwen enpòtan : « Yon moun Akademisyen pou lavi diran. (...) Yon Akademisyen pèdi tit Ii lè Ii pèdi dwa sivil ak politik Ii, lè Ii pa respekte prensip etik Akademi an tabli.» (Atik 25)

Se nan dènye atik lwa yo ou jwenn endikasyon ke fondasyon Akademi an, menmsi li se yon enstitisyon « kiltirèl », li ka jwe enfliyans konsiderab nan rapò de fòs avèk lòt pouvwa ak enstitisyon Leta yo : « Chak lane, *Akademi Kreyòl Ayisyen* an ap fè yon rankont travay ak chak pouvwa yo separeman : youn ak Palman an, youn ak Pouvwa Jidisyè a epi yon lòt ak Pouvwa Egzekitif la sou travay yo fè pandan lane a, pou pataje satisfaksyon ak pwoblèm yo genyen—youn parapò ak lòt—epi pou diskite sou bidjè Akademi an. »

Atik 47 la etale pouvwa fòs Leta Akademi an genyen : « Akademi Kreyòl Ayisyen an gen pou Ii veye : a) Pou tout fonksyonè Leta jwenn fòmasyon nan lang kreyòl, nan yon delè 3 lane ; b) Pou tout lwa yo tradui nan lang kreyòl nan yon delè ki pa depase 3 lane ; ch) Pou Palman an vote tout lwa yo ni an kreyòl ni an fransè nan yon delè 6 mwa ; d) Pou Leta pran angajman pou tout anplwaye Ii yo ak tout administrasyon Ii yo kapab fonksyone nan lang kreyòl. »

Atik 48 la afime ke « Lwa sa a anile tout Lwa ak Dispozisyon Lwa, tout Dekre Lwa ak Dispozisyon Dekre Lwa, tout Dekre ak Dispozisyon Dekre ki depaman ak Ii ». Epi Atik 49 la konkli : « Lwa sa a gen pou pibliye epi pou aplike san pèdi tan sou tout teritwa nasyonal la. Vote nan Sena Repiblik la, jou ki lendi 10 desanm 2012, nan 209èm ane Endepandans Ian. » Siyen pa Steven Irvenson BENOIT, Simon Dieusel DESRAS, Joseph Joel JOHN, Gluck THEOPHILE, Jean Tholbert ALEXIS ak Ogline PIERRE.

Se lwa sa a, ki pase depi ane pase Martelly te bloke a eke toude chanm Palman yo debloke e reyafime jounen 2 jiyè 2013 la.

Korelasyon estriktirèl : Pou yon ekriti kreyòl

Nan esè m ekri kòm kontribisyon pa m nan Kolòk Entènasyonal Pou Akademi Kreyòl la, yon tèks ki pibliye nan Ak Kolòk la, mwen pale de enpòtans pwodiksyon ekritoryèl, sètadi ekriti an kreyòl ayisyen liv, atik ak rechèch, epi ede piblikasyon ak sikilasyon yo nan yon jefò pou valorize lang lan. Enpòtans tablisman enfraestrikti enstitisyonèl ki endispensab yo pou fè valorizasyon an yon reyalite. Nan sans sa a, piblikasyon Ak Kolòk la, ki rezime eta panse ak bilan travay valorizasyon an, san konte travay rechèch Michel Degraff ap mennen pratikman sou teren ann Ayiti, avèk sipò enstitisyonèl MIT ak National Science Foundation ; epitou, pi patikilyèman, travay lokitè ak lokitris yomenm, lokal kou aletranje, pou yo devlope lang ayisyen an, promote l, ba li jarèt pou l vin yon medyòm valorize ki bay fyète lè w metrize e itilize l—, wi tout faktè sa yo ap kontribye jodi a nan yon nouvo rega sou kreyòl, yon nouvo apresyasyon de wòl zouti fondamantal li ka jwe nan pwojè devlopman ak valorizasyon peyi a.

Akozke nou konsyan de prejije anti-kreyòl nan sen non sèlman sektè frankofil yo, men tou pami popilasyon monokreyolofòn yo yomenm, san wetire grann majorite ekriven yo, nou chwazi konsantre jefò nou nan pwodiksyon zèv kreyòl.

Anfèt, menmlè ekriti an kreyòl ekziste depi sou tan lakoloni, pou lontan pèsonn pa t janm ekri tout yon liv an kreyòl, menm edisyon bileng se yon bagay ki te ra. Eksepsyon yo se tradiksyon kreyòl fab La Fontaine yo pa Georges Sylvain an 1901, oubyen *Dyakout* ak *Wa Kreyon/Antigòn* ak Félix Morisseau-Leroy nan ane 1950 yo, oubyen tou *Dezafi* pa Frankétienne an 1975.

Li pa difisil pou jwenn korelasyon twa mouda ant yon kote enferyorizasyon ak zonbifikasyon lang ak kilti kreyòl ayisyen te konn e ap kontinye sibi yo, yon lòt kote ranfòsman kontwòl enperyalis etranje (Lafrans ak Etazini an patikilye) sou peyi a ; epitou yon lòt kote pwosesis degradasyon ekonomik ak anvlopman, mangonmennay jeneral tout peyi a.

Pwopòsyon moun ou tèks ki ekri an kreyòl rete trè minim konpare ak fransè. Nan etid Frenand Léger a « Pwomosyon ekri nan lang kreyòl ayisyen an : pou ki sa epi kouman ?» ki parèt nan Ak Kolòk la, misye bay ekzanp konpilasyon temwayaj literè nan nimewo *Le Nouvelliste* 12 janvye 2011 lan pou komemore premye anivèsè tranblemanntè a. Nimewo a gen 17 tèks, misye di : « Kèk non selèb pami otè tèks sa yo se Frankétienne, Gary Victor, Lyonel Trouillot, Louis-Philippe Dalembert, Rodney Saint-Éloi, Syto Cave, ak Kettly Mars. Pami 17 tèks sa yo, se sèl pa Louis-Philippe Dalembert a ki ekri an kreyòl. Sèz lòt tèks yo se an fransè yo ekri. Sa vle di pousantaj tèks kreyòl nan nimewo jounal sa a, sou yon sijè ki konsène tout pèp la, se sèlman 5.8% li ye. Fò n pa bliye *Le Nouvelliste* se jounal ayisyen ki pi ansyen epi se youn nan sa ki pi popilè nan peyi a.» Leger konkli : «Menm si gen yon ti amelyorasyon tou piti nan kantite atik jounal ki pibliye an kreyòl, lang sila a kontinye ap sibi dominasyon lang fransè a nan domèn ekri a.» Pou sipò ak travay potansyèl Akademi an ka fè misye ensiste : «nan estad lang sa a rive nan evolisyon l, se nan domèn ekri a li bezwen yo ba l plis jarèt. Sa vle di se nan domèn ekri a yon akademi kreyòl ta genyen plis travay pou l fè.»

Chanjman epistemik

Avantaj yon chwa lengwistik ki defann parite—dwa egalego—ant kreyòl ayisyen an ak fransè genyen, se lefètke li gen aladispozisyon li plizyè milyon moun ki deja fòme nan lang lan e ki deja pare pou yo itilize l. Li pa difisil pou konprann sa ap ede edikasyon tou senpleman paske li pi fasil pou w aprann nan lang vènakilè pa w ke nan yon lang etranje, kouwè fransè ye pou anpil Ayisyen.

Si w ale sou sit libreri «Livres en Folie» oubyen nan nenpòt timache vant liv, w'ap wè yon layite liv an fransè k ap fè w mande tèt ou si toutbonvre peyi a genyen de lang ofisyèl, fransè ak kreyòl. Dekalaj, fòskote sa a ka enkyetan etandone kreyòl se lang grann majorite pèp ayisyen an pale. Sa enplike gen yon abitid, yon koutim, yon reflèks ki toujou ap opere e kiltive nan sen sosyete a e ki ap repwodui nan manisfestasyon kiltirèl yo. Li pa etonan sitou lè w konsidere barikad rezistans enstitisyon ak enterè frankofil yo deplwaye pou yo prezève etadchòz yo (*estatiko* oubyen *statu quo*).

Sepandan, sou yon lòt plan, si ou gade byen nan menm timache sa a oubyen nan lòt timache vant liv, ou ka wè nan kantite liv ki soti an kreyòl ki kantite chimen lang ayisyen an travèse. Prezantasyon liv Ak Kolòk Entènasyonal la ki rele *Akademi Kreyòl Ayisyen : ki pwoblèm ? ki avantaj ? ki defi ? ki avni ?* nan timache «Livres en Folie», fè nou wè kalite pwogrè ki fèt lè w wè yon bon kantite gran save ak manm *intelligentsia* entelektyèl ayisyen an k ap voye kreyòl monte nan tèks enpòtan yo ekri an kreyòl (anvan yo t ap sèlman mete kèk tibout fraz kreyòl nan yon gwo tèks an fransè). Si se pa ankò chanjman nan sa Michel Foucault rele a yon *epistemè* (kantite konesans, kwayans, abitid, pwodiksyon syantifik ak kiltirèl dominan yon epòk), omwen genyen yon efò depasman konsepsyon *frankolonize* yo (selon ti bon mo kanmarad Idi) ; omwen genyen yon konpreyansyon bò kote anpil lokitè kreyolofòn ayisyen yo ansanm ak kreyatè e ekriven yo ke lang ayisyen an se yon lang totalkapital kouwè tout lòt lang totalkapital nan lemond.

Yon chanjman epistemik osijè chwa lang posib ann Ayiti daprè alafwa evolisyon rasyonèl lang ak sosyete nou obsève nan Listwa, kouwè pa egzanp evolisyon lang fransè parapò ak lang laten, men tou kapasite revolisyonè pèp ayisyen an genyen nan jan li kapab itilize e mete alterite kanpe djanm kont fòs dominan estatiko a. Se kapasite sa a ki te rann rezistans anti-esklavaj e anti-kolonyal la posib e ki te asire siksè li.

Sa ki sitou ranfòse optimism mwen santi lè m di lang kreyòl ayisyen ap vin yon jou epistemè inivèsèl sosyete ayisyen an—nan sans lang ak kilti fransè a ye jodi a an Frans—, se konfyans yon eleman si enpòtan nan reprezantasyon idantitè yon pèp pa ka rete oprime twò lontan. Evantyèlman, yon jou ap rive zonbi ap vin wè si l goute sèl l'ap reprann nanm li, kouwè yon moun yo bay baboukèt ka wè si l wetire mizo a l'ap ka vin pale e revandike dwa li.

Relasyon—oubyen korelasyon—ant dwa alapawòl ak dwa (reprezantasyon) politik se yon bagay ki rijid e dirèk. Jou oprime monoleng ayisyen an ap vrèman genyen tout dwa li e vin yon moun konplè se kan li respekte e fè moun respekte lang li pale a, e afime san konplèks fason ak patikilarite pa l, nanm ideyalite pa l, konpreyansyon pa l de Kosmos la. Nou gen konfyans mouvman pou valorizasyon lang ak kilti kreyòl la ap vin rive kreye yon nouvo sistèm-de-valè ak enfraestrikti entelektyèl ki plase konesans ak abilite nan lang kreyòl la kòm faktè santral alafwa nan akimilasyon konesans ak nan afimasyon idantitè Ayisyen an, kouwè fransè a ye pou Fransè oubyen anglè a pou Anglè ak Etazinyen.

Mwen gen konfyans epistemè valorizan an ap vin lalwa inivèsèl pou Ayiti lè nou wè yon gran entelektyèl ayisyen kou

Max Manigat voye imèl ban mwen plizyè fwa pou li repwoche yon movèz izaj nou fè de yon mo kreyòl, oubyen tou lè nou wè National Science Foundation bay pwofesè MIT Michel Degraff yon milyon dola meriken pou li devlope « rechèch lengwistik epi pou kreyasyon zouti pou aprantisaj aktif syans ak matematik an kreyòl », kouwèt sit MIT a di li.*

Nan rezime esè Iv Dejan ekri pou Kolòk la, titre « Lang kreyòl : prensipal mwayen konesans pèp ayisyen », misye di : « Akademi Kreyòl la dwe ede tout Ayisyen sèvi ak tout richès lang kreyòl yo a : akademi an dwe ankouraje rechèch sou tout branch sistèm lang kreyòl nou an. Akademi an dwe ankouraje tout popilasyon an aprann li, aprann ekri lang kreyòl ki deja nan tèt yo depi yo te timoun piti. Baton ou gen nan men w se avè l ou pare kou.» Nan tèks sa a Dejan fè yon ti rale sou absidite ki fè Ayisyen pa aprann nan lang yo ak sou lejitimite konstitisyonèl yon Akademi, yon jefò li di ki pa yon « dekorasyon » kouwè yon Akademi ka ye, men : « Ayiti bezwen tout kalite rechèch sou tout fòm kreyòl yo pale nan nò, nan Latibonit, nan zòn Jakmèl, nan Sid. Ayiti bezwen bon liv an kreyòl pou gaye konesans lasyans an kreyòl. Dwe gen yon gwoup save serye ki ta jwenn èd ak mwayen nan men Leta pou sa. Gwoup la ka pote non Akademi oubyen yon lòt non. Men, travay serye sou lang pa dekorasyon. E travay serye bezwen fèt ann Ayiti sou zouti yo rele kreyòl la, ki deja nan tèt tout ayisyen pou yo sèvi ak li toutbon nèt.»

Grann pouse lengwistik Ayiti prepare pou l al fè a gen anpil avantaj, apa avantaj ki deja evidan yo, paske l ap prezante langaj kreyòl la kou yon pwodui rantab e maketab ke menm kapitalis liberal yo ka jwi e benefisye. MIT ak National Science Foundation konprann dyalektik sa a trè byen, otreman yo pa t ap depanse yon klou nan rechèch sou lang kreyòl ayisyen. Devlopman lojisyèl òdinatè ap benefisye de yon politik inivèsalizasyon izaj lang kreyòl la ann Ayiti, patikilyèman nan enstriksyon lekòl, nan administrasyon Leta yo, ak nan sistèm finansye e ekonomik la an jeneral, paske y'ap bezwen pou sistèm kominikasyon yo a adapte yo e reponn ak bezwen izaj jeneral kreyòl la ap vin jenere.

Jefò endividyèl ak ranfòsman enstitisyonèl

Avrèdi epistemè dominasyon lang fransè a poko toutafè disparèt nan rapò pouvwa ant de lang ak kilti k ap twoke tèt yo ann Ayiti depi anvan menm endepandans lan. Lelit dominan an, tradisyonèlman frankofilize, poko deside bay legen nan privilèj disparite pouvwa a bay yo. Se konsa li pa entònan ou wè sekèl, rès manifestasyon reflèks dominasyon sa a, nan desizyon Michel Martelly pran lè li mande pou CARICOM itilize fransè, olyede kreyòl ayisyen, kòm lang travay Ayiti.

Sepandan malgre tout rezistans ak andigman bò kote lelit frankofil dominan an, gen bèl ti pwogrè k ap fèt nan jan *intelligentsia* a (klas entelektyèl la) ap konpòte l nan deba koulyea sou valorizasyon nasyonal lang kreyòl la. Menmlè, nan pakou tout istwa d Ayiti, ou te toujou jwenn de zou twa grenn manm *intelligentsia* a ki pran pozisyon pou avansman ak valorizasyon lang kreyòl a, kouwè pa egzanp frè Nau yo (Emile ak Ignace) nan ane 1850 yo, oubyen Chritian Beaulieu nan ane 1930 ak Félix-Morisseau-Leroy nan ane 1950–1960 yo, se sèlman nan tan resan, presizeman nan dènye de dekad ki sot pase yo, ou wè yon tandans k ap mennen bò kote aseptasyon validite entelektyèl lang kreyòl la pami klas entelektyèl la.

Chanjman atitid sa yo koumanse manifeste apati dimoman klas entelektyèl ayisyen an wè anpil enstitisyon ak inivèsitè enpòtan nan lemond, Ozetazini sitou kote michan inivèsite kouwè Brown, Indiana, Harvard, MIT, UMass, elatriye, ap prezante klas an kreyòl e sou kreyòl ayisyen. MIT rive jiska konsakre tout yon pwofesora osijè lang kreyòl ayisyen an, pwofesora a okipe jodi a pa lengwis ayisyen Michel Degraff. Kalite moun ki patisipe nan Kolòk Entènasyonal sou Akademi Kreyòl la an 2011 e ki gen tèks yo pibliye nan liv *Akademi Kreyòl Ayisyen : ki pwoblèm ? ki avantaj ? ki defi ? ki avni* (pami yo Iv Dejan, Michel Degraff, Manno Eugène, Fritz Deshommes, William Smarth, Renauld Gauvain, Jean Vernet Henry, Michael-Ange Hyppolite, Frenand Leger, Rosanie Moïse-Germain, pou site sèlman kèk grenn) deja ba w yon ide sou grandè pa ki fèt yo, li kodifye yon mach lan men asire bò kote valorizasyon ak enstitisyonalizasyon nasyonal lang kreyòl la.

Konklizyon

Jefò pèsonèl chak grenn Ayisyen nan relasyon li avèk lang kreyòl la, yon lang ki idantifye l pozitivman, ap kontribye nan chanjman epistemik lan. Ekzanp ekriven ayisyen yo ki oze ekri tout yon liv an kreyòl ayisyen menmlè yo konnen yo pa gen yon piblik akeyan k ap achte liv yo kou pate cho ; ekzanp pwofesè Degraff ki fè kreyòl onore kou lang vivan enpòtan nan inivèsite MIT Ozetazini ; ekzanp KEPKAA ki enpoze mwa oktòb kou Mwa Kreyòl Ayisyen Okanada, yon aktivite ki vin jodia yon evennman entènasyonal, tout bagay sa yo se otan inisyativ k ap ede nan valorizasyon an. Noumenm nou deside fonde revi *Tanbou* ak mezondedisyon Trilingual Press (Près Trileng), kote alafwa nan metodoloji redaksyon, nan chwa otè ak nan chwa tematik, nou eseye mentni yon *parite*, sètadi yon rapò egalego, ant kreyòl ayisyen, fransè ak anglè. Kèk nan dènye pwodiksyon zèv kreyòl nou soti se yon tradiksyon zèv Platon (*Apoloji, Krito, Fedo*) pa Nicole Titus, yon koleksyon powèm bileng pa Doumafis Lafontant (*Krik ? Krak! Dèyè Mòn Gen Mòn*), yon koleksyon powèm inikman an kreyòl ayisyen pa Patrick Sylvain (*Masuifè*) ; yon zèv bileng (fransè-kreyòl) pa Charlot Lucien (*La tentation de l'autre rive / Tantasyon latravèse*) ; yon koleksyon powèm inikman an kreyòl ayisyen pa Fred Edson Lafortune (*An n al Lazil*) ak yon woman pa Ewald Delva (*Adelina*).

Nou gen nan founo pou fen ane 2014 la, yon koleksyon bileng pa otè tinòt sa yo (*Memwa Baboukèt / La Parole indomptée*) ; yon woman kreyòl pa Patrick Sylvain (*Anba Bòt Kwokodil*), elatriye.

Jounen jodi a, apre Palman an fin konfime vot lalwa ki tabli Akademi Kreyòl Ayisyen an e anile objeksyon Martelly a, nou ta renmen pou Ekzekitif la asepte ranfòse pouvwa enstitisyon ayisyen yo, san wetire Akademi Kreyòl a, yon enstitisyon ki gen yon wòl estratejik si enpòtan li ka jwe nan avni peyi a. Nou vle jwenn vwa nou avèk vwa Komite Pou Tabli Akademi Kreyòl Ayisyen an pou mande pou gouvènman Martelly a pibliye lalwa a e onore bidjè fonksyonnman li prezante ba li a.***

Dominasyon klas dominan yo ak anpriz neo-kolonyal la pa p konplè si yo pa kore ak dominasyon kiltirèl, lengwistik, entelektyèl e espirityèl. Demèm pou rezistans pèp la : Liberasyon l pa p posib si l pa akonpaye pa liberasyon kiltirèl, lengwistik, entelektyèl e espirityèl.

(ekri an jiyè 2013, revize an me 2014, revi *Tanbou*)

Nòt

* Pou plis detay sou bous sa a, ale sou sit MIT sila a : http://shass. mit.edu/news/news-2012-interview-with-michel-degraff

** Tèks sila a parèt tou nan nimewo dawout 13–19, 19–20, 21–27 jounal *Haïti Liberté* ; li soumèt bay jounal souliy *AlterPresse* ak *Potomitan* ; li parèt tou nan edisyon otònn 2013 revi *Tanbou*.

*** Gouvènman an vin finalman pibliye sou jounal *Le Moniteur* lwa sou Akademi Kreyòl Ayisyen an nan mwa avril 2014.

Ti-moso souvenans ak obsèvans sou kolòk entènasyonal « Panse avèk Jak Roumen jounen jodia »

Ane 2007 la fè san zane depi nesans Jak Roumen (Jacques Roumain) jou 4 jen 1907. Pandan tout ane a te gen anpil rankont, konferans, kolòk, atik jounal, emisyon radyo ak televizyon, elatriye, ki te konsakre pou selebre memwa kokennchenn gason sila a. Roumen te gen sèlman 37 tan lè li te ale nan peyi san chapo jounen 18 dawout 1944, doktè di se siwoz fwa ki te lakoz. Menmsi l mouri nan flèdaj li, misye kite yon gran zèv pwetik, romansye e antwopolojik ki boulvèse tan li e ki kontinye ap enfliyanse moun jouk jounen jodia.

Se nan kad selebrasyon sa yo Inivèsite Deta d Ayiti te òganize yon gran kolòk entènasyonal de 28 novanm a 9 desanm 2007 anba tèm « Panse avèk Jak Roumen jounen jodia ». Te gen 46 envite-patisipan ki te sot nan plizyè peyi (Lafrans, Kiba, Kanada, Etazini, Repiblik Dominikèn, Bèljik, Ayiti) e prezantasyon yo te touche plizyè sou-tèm. Te gen chita-tende (*tables rondes*) ki te fèt nan nèf vil pwovens (Sen-Mak, Okap, Ench, Fò-Libète, Gonayiv, Okay, Vèrèt, Machan-Desalin ak Jakmèl), de premye a 9 desanm 2007.

Sa te fè plezi pou wè asanblay kantite diferan tip pèsonalite ayisyen ak etranje sila yo ki te vin komemore yon menm senbòl, pou pote respè bay yon menm ekriven, menmlè senbòl la ak endividi a te siyifi diferan bagay pou chak grenn nan yo. Ojis, kou mwen di kèk patisipan kolòk la, paske Roumen pa la pou l defann tèt li, tout moun di sa yo vle sou li ; koumanse avèk mwenmenm ki panse li t ap ekri tou an kreyòl sil te viv pi lontan (se tit ak sibstans prezantasyon m lan). Mwen sonje reyaksyon dyektè Enstiti Fransè a Paul-Elie Lévy ki te kowòdinatè yon panèl ki te gen Jacques Hirschman, Franck Laraque, Jean Michael Dash ak mwenmenm ladann l. Lè Frank Laraque ak mwen adrese piblik la alafwa an fransè e an kreyòl, yon piblik ki konpoze de Ayisyen, e lè kèk manm piblik la reponn an kreyòl, Lévy di : « Tout moun gen dwa pale kreyòl si yo vle menmsi se nan Enstiti Fransè a nou ye ! » Piblik la te tonbe ri. Dashl panse Roumen t ap vin « evolye » sil te viv pi lontan. Laraque reponn li si Roumen t ap evolye li pa t ap evolye « nan sans kapitalis » men nan sans plis jistis sosyal, nan sans pou konbat kont globalism ak neo-kolonyalism yo.

Jack Hirschman, yon powèt etazinyen, te fè vwayaj la de Sann Fransisko ; li li tradiksyon powèm Roumen ak Pòl Larak li fè ann angle (mwen li vèsyon kreyòl ak fransè yo). Lè l te etidyan nan Inivèsite nan Kalifòni, yo ekspilse pou aktivite anti-lagè Vyetnam lan. Nan ane swasanndis yo Hirschman te manm fondatè « Brigad Jak Roumen », yon gwoup politiko-literè entelektyèl etazinyen ak Ayisyen te met sou pye pou alafwa selebre travay Jak Roumen e kontinye lit pou chanjman li t ap mennen a. Misye te kontan li te gen chans vin ann Ayiti ; plizyè fwa anvan l al nan reyinyon plenyè kolòk la, li kouri al nan zòn lavil la pou l'al wè « vrè Ayiti ak vrè pèp la ». Nan prezantasyon piblik li fè yo li di li pote solidarite pèp etazinyen an bay pèp ayisyen an, yon pèp etazinyen gwo kòporasyon yo ak dirijan defandè predatè yo ap toupizi. Li repete solidarite l ak remèsiman l nan yon seremoni vodou ki fèt aprè, kote asistans la te byen reponn ak bèl mo solidarite l yo. Nan yon powèm li ekri apre kolòk la men ki te enspire pa li, li di : « Mwen te la e mwen te wè l. Ankenn moun pa p ka soti kite l san yon santiman dwe gen yon revolisyon ann Ayiti. »

Roumen « jeni literè » kont Roumen militan

Malgre yon pakèt prezantasyon ki ta vle montre Roumen kou senpleman yon « jeni literè », anpil lòt te chita sou kontribisyon li nan lit kont okipasyon meriken an e nan fondasyon Pati kominis la avèk objektif pou chanje estrikti sosyal ak politik peyi a, nan sans revolisyonè, nan sans defans enterè pèp, peyizan, ouvriye ak tout pòv yo klas dominan yo ap domine e eksplwate depi 1806. Yon lòt keksyon ki te repete anpil nan mitan kolòk la se sa Roumen t ap fè oubyen prekonize sil t ap viv jounen jodia. Gen anpil moun ki di li t ap denonse okipasyon meriken-onizyen ak sistèm globalizasyon kapitalis la e milite pou yon gouvènman ki tabli jistis sosyal, edikasyon pou tout moun, manje, kay pou rete ak lasante pou tout moun.

Gen yon prezantatè ki te siyale kouraj (ak odas) misye te montre lè li te fonde Pati kominis ayisyen a laj 27 tan, ki te fè li pi jèn fondatè Pati kominis nan lemond. Apre Jisten Lerison, Antenò Fimen, Jan-Jak Desalin Anbwaz, esè politik li yo se posib ka pi gran analiz politik ki fèt sou Ayiti e sou kouman ak ki sa pou ouvriye ak peyizan yo fè, ki sa pou oprime yo fè pou yo kase chenn eksplwatasyon an e libere tèt yo. Nan *Gouvènè lawouze douvanjou* (pou reprann tit Clothaire Saint-Natus bay yon tradiksyon kreyòl *Gouverneurs de la rosée* li fèk sòti), Roumen montre kouman solidarite ak zaksyon koumbit ka pote laviktwa sou magouyay gwo zotobre ak malfreze yo. Powèm li yo denonse rasism ak opresyon peyi kolonyalis yo ak klas dominan peyi pòv yo ap fè pèp yo sibi ; yo siyale oryantasyon yon literati angaje anvan menm Jean-Paul Sartre vin palc sou sa nan *Qu'est-ce que la littérature ?* (menmsi Sartre fè erè li pa konsidere pwezi tou ka angaje, kouwè Pablo Neruda vin montre ansanm avèk tout tradisyon pwetik ayisyen an).

Zèv antwopolojik Roumen yo te plis ke etnografi yon relijyon, men pito afimasyon yon idantite ; e defans li kont kriminilizasyon alterite (sa yon lòt moun ye) Legliz Katolik te lanse lè l t ap pèsekite relijyon vodou a, te siyale respè pou dwa yon pèp genyen pou l kwè nan relijyon li vle e pou l pratike kilti li ak fason li viv lavi li selon jan li vle. Nan pèsekisyon kilti vodou a Roumen wè lapa t yon kolonyalism kiltirèl anvan menm konsèp la vin fòmile pa Claude Levi-Strauss ak Frantz Fanon.

An rezime, lavi ak zèv Jak Roumen se siyalizasyon yon pakèt opsyon oubyen posibilite. Nan fondasyon Pati kominis la, li siyalc opsyon/posibilite revolisyon politik nan ranvèsman rapò de fòs ant klas ak fòs politik an konfli yo. Nan *Gouverneurs de la rosée*, li siyale non sèlman yon lòt mwayen pou rezoud konfli entè-klas yo, men l bay tou ekleraj sou kouman pou afwonte advèsite natirèl yo ansanm ak mistifikasyon kiltirèl e entelektyèl yo. Li montre tou, sou yon plan pèsonèl, kouraj devan yon anvironnman politik e epistemik ki te opresan e totalitè, kote ou te ka kondane nan prizon oubyen nan malsite e pafwa menm nan lanmò pou sa ou te kwè, pou ideyal ou t ap pouswiv.

Lavi Jak Roumen pèsonifye makonnaj ak tansyon ki genyen ant divès eleman ki fòme vi li : manm klas dominan privilejye milat la, men patriyòt k ap goumen kont okipasyon meriken an, teyorisyen yon revolisyon sosyalis, gran ekriven de renon e defandè koz ouvriye ak peyizan oprime yo. Li pase anpil tan nan sèk entelektyèl ann Ewòp yo (Bèljik, Lafrans, Espay, Lasuis, Lalmay, elatriye), men l rete lye ak anpil entelektyèl nan Amerik latin e Etazini. Li pa sèlman defann vodou kont jenosid kiltirèl, li fonde yon Biwo etnoloji pou prezève patrimwàn li. Akoz de pozisyon politik li, grann boujwazi ayisyen an te wè nan misye alafwa yon danje e yon anmèdeman e yo pa t nan ankenn chire pit avè l. Men li te gen tou sipòtè, menm nan gouvènman Vincent ak Lescot yo, ki te la pou pote l sekou chak fwa yo kapab. Konpozisyon divèsite moun ki te patisipe nan kolòk la te fè repondonng ak varyete richès kiltirèl e solidarite entè-pèp lavi Roumen limenm te pote temwayaj.

Jefò pou louvri je moun

Genyen anpil siyifyan (siy ki gen sans enpòtan) ak souvenans espesyal mwen tire de rankont lan. Tou dabò se chalè imen ak jantiyès òganizatè yo ansanm ak fason serye e disipline yo mennen kolòk la ak pwogram yo, de koumansman jiska lafen, e lese anpil pwendvi diferan konfwonte youn ak lòt. Te gen plas pou sa yo ki admire estetik romansye, bèlte tikont mèveye nan ekriti Roumen ansanm ak sa yo ki vle prezève memwa li kòm konbatan kont eksplwatasyon pèp ayisyen an pa boujwazi depredatè dominan an, memwa lit li kont okipasyon an e enperyalism meriken ann Ayiti e nan tyèsmond lan, konba li kont agresyon fachis ann Ewòp, e dominasyon kolonyalo-enperyalis peyi oksidantal yo an jeneral sou pèp non-ewopeyen yo.

Mwenmenm pèsonèlman, mwen te admire lakay Roumen fason li jwe avèk mo, ekspresyon, tonalite e sentaks kreyòl la. Mwen li *Gouverneurs de la rosée* lè mwen te gen apeprè 16 zan, ekriti li te parèt revolisyonè pou mwen paske li te ale andeyò konvansyon literè ki te alamòd yo. Li makonnen metafò pwovèb ak toudefraz kreyòl nan prèske tout zèv la, li klè li pa t bay klasisism literè boujwa a regle anyen pou li.

Youn nan gwo moman siyifyan nan kolòk la se aktivism politik Franck Laraque ki, a 86 rekòlt kafe, rete youn nan manm pi aktif goch ayisyen an. Li baze prezantasyon l lan sou « Poésie révolutionnaire dans le contexte de l'héritage Jacques Roumain », kote li defini pwezi Roumen tankou yon ekwasyon : « Kontni de klas = bèlte fòm powèm lan = pwezi imen e revolisyonè. » Laraque montre « enfliyans Roumen pa limite sou nonsèlman gran powèt jenerasyon li kouwè Jean F. Brierre ak Anthony Lespès ; li layite zèl li tou sou plizyè lòt powèt kòk kalite kouwè René Bélance, Paul Laraque, Guy Laraque, René Depestre, Anthony Phelps, Frankétienne, Jean Métellus, elatriye ». Franck Laraque te pi enterese sou kisa ki ka fèt jounen jodia pou onore memwa Roumen. Dabò Roumen t ap pran pozisyon kont okipasyon an, li t ap denonse privatizasyon ak globalizasyon peyi enperyalis yo vle enpoze sou peyi a ; li t ap pran pozisyon pou peyizana a kont gran don yo : « Selon opinyon pa nou, se sèl yon Leta ayisyen ki vle e kapab mobilize pèp la pou met sou pye, nan lespri eritaj Jak Roumen, yon pwogram devlopman altènatif sou long tèm ki gen tou pwogram sekou imedya sou tèm prese, ki ka vin pote lespwa pou peyi nou an yo ap senyen a vif. » Kouwè frè li Paul Laraque, yon gran powèt revolisyonè ki te prekonize anplwaye pwezi kou yon « zam pou konba » nan lit kont enperyalism e pou jistis sosyal, Franck Laraque wè nan tout zèv Roumen yo, pwezi, woman kou ese, yon jefò pou louvri je moun e tabli libète ak jistis sosyal.

Te gen tou moman-siyifyan rankont Gérald Bloncourt ; li antre sitèlman nan nannan listwa « revolisyon 1946 » lan ke m pa t menm konnen si li t ap viv toujou. Avèk laj 81 zane li ekzibe yon jenès ak yon bonjannri ki atire tout moun. Se te enteresan pou te wè kontras ki diferansye l de René Depestre, ki vin lese lanmou li pou Lafrans vin pèdi nanm li. Mwen pwovoke sijè a e mande Bloncourt sa l panse de « rekolonizasyon » d Ayiti Depestre pwomote nan dènye liv ak ekri li yo. Misye reponn pou l di li pa pataje analiz Depestre sou sitiyasyon Ayiti a, men li pa di plis, ou santi li gen plis bagay li ta vle di sou bagay la si li pa t nan pami yon pakèt etranje. Li klè Bloncourt toujou ret djanm nan lit kont fòs estriktirèl yo k ap depalfini lavi keseswa ann Ayiti, Ozetazini oubyen an Frans kote misye ap viv. Prezans li sèlman pami nou te temwaye yon pwezi vivan nan kalvè lit pou chanjman nan peyi a. Li temwaye kontinuite lespwa nan yon lit pou chanjman ki pa lese l dekouraje pa movèz pas ni trayizon, ni menm distans ak tan.

Te gen prezantasyon pwofesè Yves Dorestal sou « le marxisme de Jacques Roumain » kote misye montre entèpretasyon Roumen fè sou Marx, Engels, Lenin, Stalin, Rosa Luxembourg, Trotski, elatriye. Dorestal ankre Roumen nan tradisyon marxis peyi latinoameriken yo, nan ran pansè kouwè Jose Carlos Mariategui, Anibal Pouce, Julio Antonio Melka e anpil lòt ankò. Dorestal di yon moun dwe antre nan Roumen tankou w'ap antre nan yon labirent paske gen sitèlman jan pou w antre anndann l. Men misye sigjere ou pa ka konprann Roumen si ou pa swiv gid ak praksis marxis Roumen te adopte. Ou santi misye pran gran plezi pou li pale sou keksyon an. Mwen toujou apresye lè moun montre fouyaliz entelektyèl (eridisyon) yo sou marxism lan. Marxism lan se youn nan pi gran epistemè entelektyèl tan modèn lan. Malgre sa anpil tiran fè onon li, malgre tout bann kondanasyon ak koutlang peyi enperyalis yo ak klas dominan nan lemond yo voye sou li, marxism lan rete yon analiz politik e ekonomik sou eksplwatasyon, chozifikasyon ak alyenasyon ki poko janm ratrape, ranplase oubyen depase pa yon lòt (sou plan refleksyon teyorik byennantandi, pa sou plan demagojik anpil moun anplwaye l).

Vodou e frankofoni

Te gen moman-siyifyan seremoni vodou a nan perestil Max Beauvoir a nan Maryani, kote yon delegasyon patisipan ak òganizatè kolòk la te ale pou klotire premye faz kolòk la, nan yon seremoni Tanbou Asòtò, fason Roumen limenm t ap apresye. Seremoni an, kou tout seremoni vodou, louvri avèk Legba, mèt baryè. Hounsi yo te bèl, resplandisan nan jan yo layite dans, chante, teyat nan yon ben tout koulè, pou yo onore lwa yo. Yon sèl bagay ki te parèt yon tijan dwòl : ou ta di seremoni a ta vle fèt an fransè, anlonè kèk vizitè e boujwa ayisyen ki frankofòn. Mwen mande pou m entèprete pou yo. De fransè a kreyòl. Anpil moun nan asistans lan di yo pa bezwen moun pou entèprete, tout moun konprann fransè. Mwen retòke e di non, se yon « komedi » ki vle fè moun panse tout Ayisyen pale fransè. Mwen di asistans lan, ki te konpoze an majorite de Ayisyen, anpil nan yo ka konn pale fransè, men grann majorite a se kreyolofòn yo ye. Epitou, nan yon seremoni vodou li pa fè sans pou se fransè sèlman k ap pale. Mwen di mwen pa p ensiste si yo pa vle m tradui an kreyòl, men mwen panse ke se sa ki korèk. Pandan m'ap vire pou m ale, Gérald Bloncourt, Clotaite Saint-Natus e anpil lòt moun di m non pa ale : « Lese Tontongi tradui an kreyòl ! », Bloncourt rele byen fò, vwa li sonnen tankou yon ekzòtasyon. Se konsa mwen kontinye tradui.

Max Beauvoir, houngan prensipal seremoni a, gade pandan tout echanj yo yon konpòtman ki parèt netr, men ou santi sentipati li ale bò kote lese entèpretasyon an fèt an kreyòl. Rachelle Beauvoir, ki oparavan te pami moun ki te di tradiksyon an kreyòl pa t nesèsè, vin chanje pozisyon ; a mon grann etonnman e kontantman, manmzèl pran rèyn entèpretasyon kreyòl la, li fè li an pati pou l ede m tradui lè oratè yo pale twò long. Ou santi li pran plezi pou l tradui an kreyòl, e sa fè li fè yon trè bon travay. Tradiksyon/entèpretasyon an kreyòl la kontinye avèk Gaston Saint-Fleur menmlè Yolanda Wood e Lidoly Chavez, de patisipan kolòk la ki te soti Kiba, te pran lapawòl ann espayòl pou yo pote solidarite pèp kiben an bay Ayiti. Nan fen seremoni a, pandan m pral antre nan otobis la pou m retounen nan otèl la, Rachelle Beauvoir rele m e ban m yon kopi liv li a *Savaloue,* ki te pran Pri Casa de las Americas an 1989. Mwen renmen liv li a imedyatman, li nonsèlman pote limyè sou anpil rityèl vodou anpil moun pa t konprann, men li montre tou respè Rachelle Beauvoir pou lang peyi a : li ekri liv la antyèman an kreyòl. Nan dedikas li ekri pou mwen nan liv la, li di : « An respè nan lespri Jak Woumen. Pou pi devan ! »

Menmsi te gen sèlman yon ka fanm nan kantite moun ki prezante yo, reprezantasyon yo te djanm nan komite òganizatè kolòk la. Fanm yo pa t la pou te bay gason « sipò », men kou patnè egalego nan yon antrepriz koumbit kolektif. Anpil nan yo, pwofesè, ekriven e aktivis kiltirèl, fanm yo te potomitan, *cheville ouvrière*, kolòk la. Yaïssa Arnaud-Bolivar te sou de pye l depi grann maten rive ta nan lannwit ; li jwe yon wòl kle nan mentni lojistik kolòk la. « Komite Pilotaj » la, sou direksyon Fritz Deshommes ak James Darbouze (avèk tou Emmelie Prophète, Michaëlle Saint-Natus, Michelle Pierre-Louis-FOKAL), fè yon bon travay, sitou lè w konsidere kantite moun ak aktivite kolòk la te kouvri. Mwen te admire an patikilye fason jantiyès òganizatè yo te aji avèk tout patisipan yo, san favoritism anvè youn kont lòt.

Konsèp « koumbit » Roumen an ann aplikasyon

Mwen te kontan rankontre Suze Mathieu ki gen lontan l'ap goumen pou valorizasyon lang kreyòl la. Mathieu ban m yon kopi dènye liv li a, *Depi nan Ginen nèg renmen nèg*, ke l ekri toutantye an kreyòl, kote li montre pa ka gen vrè demokrasi ann Ayiti si kreyòl la rete yon lang an mawonnaj : « Lè yon moun wont lang li pale a, li wont tèt li. Lè li wont tèt li, li konplekse, li vin pa gen konfyans nan tèt li. (…) Revandike dwa nou pou nou sèvi ak lang nou, kenpòt kote nan peyi nou an san konplèks, se dwa nou. » Tit liv Mathieu a fè repondonng ak yon tit yon tèks Jean Saint-Vil te met deyò pou met aksan sou solidarite ant Ayisyen, olye de divizyon ak chen-manje-chen ant yo.

Mwen te gen chans tou rankontre Myrtha Gilbert, yon chèchez sou zafè politiko-sosyal. Mwenmenm avè l pase yon bon ti tan ap pale sou « finalite moral » praksis politik. Anfèt, Gilbert ekri tout yon liv, *La crise des valeurs dans la société haïtienne*, pou l tabli pètinans teyorik « valè tradisyonèl » yo nan politik. Tèz esansyèl liv la se degradasyon ak anpirisman moral Leta depredatè a ansanm ak klas dirijan-dominan devègonde yo, plis makoutizasyon divalyeris la, vin koze nan karaktè e « valè tradisyonèl ayisyen » yo. Manmzèl fè yon kritik sevè sou pourisman jeneral sosyete ayisyen an sibi anba divalyerism lan. Malgre aksan li sou « valè » moral yo, liv la se yon gran akizasyon ak denonsyasyon kont travay dejenerasyon enstitisyon nasyonal yo pa alafwa enperyalism meriken an ak klas politisyen pouri ki pran pouvwa a depi Endepandans. Sèl bagay mwen pa t dakò avèk Gilbert se lè li pale, nan yon konvèsasyon avè m, de enpòtans yon lelit pwogresis nan pwosesis chanjman an. Mwen di li se la pwoblèm lan ye, e konseye li pou l chanje nosyon « lelit pwogresis » la pa yon « avangad revolisyonè », selon preskripsyon marxis la. Nan liv li a manmzèl fè yon bèl analiz sou rezistans kont sèten konpòtman sosyete tolere onon modènite, men ki ranfòse malsite ak saloprete kondisyon degradan sosyoekonomik yo koze : « Pratik sosyal ki kouran nan milye nou an kouwè timoun ki nan pwostitisyon ak timoun yo vann pa mwayen degize, banalizasyon krim, desakralizasyon senbòl yo, pratik trete moun ak mechanste, anplwa trik, *eskam* kiltirèl ki alyenan e degradan, anvayisman pònografi nan espas piblik e medyatik yo elatriye.» Ou ta ka di panse Myrtha Gilbert oryante l sou kote yon neo-rousseauism, an koulè ayisyen, dirije pa yon lelit pwogresis (men avèk objektif revolisyonè).

Mwen te admire tou kritik kategorik li montre kont richès atifisyèl sosyete konsomasyon de klas la enpoze kòm finalite sosyal e egzistansyèl. Konsènan eta dekonstonbrasyon sosyete a tonbe a, Myrtha Gilbert konkli : « Lè w konstate pourisman sosyal e moral enkyetan yo, chanjman brital nan jan nou fonksyone, kokennchenn atak outraje kont diyite moun, siy relachman e menm demolisyon lyen sosyal yo, li lejitim pou nou keksyone koz yon mal ak dezas nan yon sosyete ki si pwofon, pou nou ka dabò konprann e answit aji.»

Pami òganizatè kolòk la, yon felisitasyon espesyal dwe voye bay Fritz Deshommes ak James Darbouze pou travay vizyon ak gidaj yo deplwaye pou fè komemorasyon an yon siksè ; ou ta ka di yo mete konsèp « koumbit» Roumen an ann aplikasyon. Deshommes te toupatou, ou ta di misye te pran pwen dedouble. Li « mikromanaje » kolòk la san li pa montre l ; limenm avèk James Darbouze e Yaïssa Arnaud-Bolivar te jwe wòl yon triumvirat ekzekitif ki mennen kòlòk la de konseksyon, jèminasyon ak ekzekisyon. Nan yon entwodiksyon Deshommes ekri nan livrè-pwogram kolòk la, misye (ki se tou vis-rektè

Inivèsitc a), pale de « moman Roumen » nan istwa peyi d Ayiti : « Yo te met moman sila a sou anbago pandan senkant tan. Trant tan diktati, ven tan kakofoni.» Li souliye enpòtans Roumen sou plizyè aspè : « Kreyatè roman peyizan ayisyen, fondatè Pati kominis ayisyen, enspiratè mouvman 1929 la ki pral sonnen klòch pou choute dèyè okipasyon meriken an, premye etnològ ayisyen, premye moun ki defann e valorize peyizànri an antanke klas ki pote flanbo valè fondamantal yon peyi ki voye fas li vè lavni… » Nan sèlman kèk mo, misye devwale tout sans kolòk la : « Retire Roumen nan oubli ak nan silans, rejwenn li, revizite zèv li, zaksyon li e panse li, se reatrape yon pati enpòtan nan noumenm, nan istwa nou, nan kilti nou, nan idantite nou, yon pati enpòtan nan imanite.»

De Maksimilyen yo oubyen fòs kilti kou zam idantitè

Lè ou di « Maximilien » fòk ou te presize si w t ap pale de Guy Maximilien, espesyalis vodou, redaktè an chèf revi *Conjonction*, ki soti yon nimewo espesyal pou okazyon santenè Roumen an, ki bay chak patisipan kolòk la yon kopi gratis, e ki akse prezantasyon l lan sou « Roumain et la question du vodou »1, oubyen Maksimilyen Laroche, otè plizyè liv remakab sou literati konpare. Laroche panse, nan yon liv li pibliye an 1981, ke gen yon devyasyon panse Desalin ki te rive lè Bwaron Tonè te ekri/ resite Ak Endepandans lan an fransè touswit apre diskou an kreyòl Desalin lan. Mwen pa t ka asiste prezantasyon l lan, men prezans li nan gwoup envite ki sot aletranje yo te trè remake.

Yon lòt prezans ki te remake se prezans Léon-François Hoffmann pami envite yo ; misye sòti an 2003 yon kokennchenn biyografi e bibliyografi enpòtan e enpozan sou Jak Roumen, *Œuvres complètes de Jacques Roumain*. Hoffmann enterese sou tout literati nan tyèsmond lan, men ou santi li gen yon lanmou espesyal pou Ayiti. Gen bagay mwen pa dakò avè l, pa egzanp lè li te deklare yon jou seremoni Boukmann lan nan Bwa-Kayiman se yon « mit ». Nan sans sa a, ou ta ka di istwa tout pèp sou latè se yon mit lejandè, e yo tout bezwen mit lejandè sa a pou konsolide e valorize fondasyon yo. Men mwen respekte kiryozite ak enterè Hoffmann montre pou literati ayisyen, menm literati kreyòl la (kontrèman ak anpil lòt kritik frankofòn yo, lè l pale de literati ayisyen, li mete l opliryèl pou l enkli literati kreyòl la tou).

Roumen e anti-kominism

Ideyolojikman akòdeyon mwen pa t akòde avèk gita Gary Klang, yon ekriven ayisyen k ap viv Okanada, menmsi san nou ale ak lòt sou yon plan pèsonèl. Nan prezantasyon l lan li mande pou yon « relekti kritik » *Gouverneurs de la rosée,* ke l konsidere « kou yon kont e non kou yon roman ». Li konpare roman Roumen an avèk *Le petit prince,* yon nouvèl Saint-Exupéry pibliye an 1943. Epitou misye mande tèt li : « Èske nou ka wè ladann l yon tèks angaje nan yon ideyoloji ki pa alamòd ankò ? Ki sa l pote ban nou an 2007 ? » Misye di gen anpil enkoreksyon nan fransè Roumen itilize nan *Gouverneurs de la rosée.* Li pran pou ekzanp ekspresyon « Fermez vos dents » ki itilize nan liv la men ke l di moun pa anplwaye ann Ayiti. Franck Laraque, ki te nan asistans lan, mande lapawòl pou l di li pa dakò avèk sa Klang di yo, paske moun di « Fèmen dan ou » pou siyifi « Fèmen bouch ou ». Epitou, Laraque kontinye, tout lang vivan sibi transfòmasyon nan diferan rejyon moun pale l. Laraque keksyone tantativ Klang ap fè pou li detache ideyoloji politik Roumen de zèv romansye li : « *Le petit prince* pa gen anyen awè avèk *Gouverneurs de la rosée ;* pou Roumen se reyalite peyi a, kondisyon lit moun yo, ki enterese l. Se pa ti nyans estilistik. » Nan fen echanj lan, toulède pale ak lòk kòdyalman, san rankin, yo toulède dakò yon kolòk dwe gen deba entèlektyèl serye ladann l.

Men sa k te pi mal la, se lè Klang itilize yon alizyon kote li mete eksperyans peyi kominis yo nan menm sak avèk nazism hitleryen an paske tou de sistèm ideyolojik sa yo tiye anpil moun. Mwen mande misye sil pa ta jije krisyanism lan avèk menm kritè sa a tou etandone Enkizisyon an ak kwazad kretyen yo te koze lanmò anpil moun. Misye trete m de « malonèt » ki mal repòte pozisyon li. Pou yon ti tan nou eseye transande dezakò yo e fè antant sou yon plan pèsonèl kote nou bay blag youn ak lòt. Dezakò nou, yon dènye fwa sou keksyon kreyòl la nan seremoni vodou Maryani an, vin deraye jefò sa a. Klang ban m enpresyon yon bon imanis ki bezwen dekwape pre-ide reyaksyonè milye antikominis nan lemond yo kontinye ap pwopaje.

Li difisil pou m kapte tout moun e tout sa k pase nan yon gwo kolòk entènasyonal, men gen kèk moun ki rete nan memwa mwen, kouwè pa egzanp Frantz Leconte ke m te rankontre dènye fwa nan antèman Paul Laraque nan Nouyòk, ki prezante etid li sou « Jacques Roumain : Les héros de la vacuité ». Misye fèk sòti yon liv sou Roumen : *Haïti et littérature : Jacques Roumain au pluriel*. Te gen tou Daniel Michaud ki pale de « *Analiz Chematik 32–32* » ki li di « se yon enstriman pou lit kont opòtinis e ideyoloji ak pratik reyaksyonè yo nan moman a. Analiz chematik yo te chita sou rapò objektif pratik yon konbatan revolisyonè t ap enonse nan yon peryòd konjonktirèl fas a diferan diskou reyaksyonè ki te pwodui ideyoloji dominan reyaksyonè yo ». Michaud, ki akse kolòk la nan kad militantism kominis, pro-ouvriye, pro-peyizan Jak Roumen te pratike a, di li pi enterese nan zaksyon pratik k ap fèt pou tabli jistis sosyal ann Ayiti ke nan divès nyans ki genyen nan pozisyon anti-enperyalis chak gwoup pwogresis k ap goumen pou chanjman. Misye te youn nan dezoutwa patisipan kolòk la ki te fè prezantasyon yo an kreyòl.

Yon lòt prezantasyon mwen te twouve ki djanm se pa Camille Charlmers la. Apre prezantasyon an, mwen apwoche Charlmers e remesyè l pou yon analiz ke m te twouve ekselan sou globalizasyon e sou ideyoloji dominasyon ki dirije zaksyon kòporasyon transnasyonal yo ansanm ak peyi enperyalis yo. Pandan l sèvi ak Roumen kòm pretèks, refleksyon Charlmers sou pwojè politik sa Antonio Negri e Michael Hardt rele « Anpi » a, ede revele estrateji kontwòl transnasyonal, a-nasyonal, anti-nasyonal la ki aji sou tout fron Anpi a (sou presyon enterè kòporasyon transnasyonal yo) met sou pye. Natirèlman tout chanjman serye enplike yon lòt fason daji politikman ki rejte premis fondamantal globalizasyon an : eksplwatasyon san limit pèp yo ak peyi domine yo.

Sèl Pou Dezonbifye Bouki

Genyen souvenans Rodney Saint-Eloi, ki soti Okanada. Li pa gen lontan li vini nan Kanada, men li deja etabli nan peyi a dezyèm pi gran mezondedisyon ayisyen, Mémoire d'Encrier. Misye te alèz kouwè pwason nan dlo nan kolòk la ; lè ou wè entèraksyon l avèk lòt patisipan kolòk la, ou santi literati pou limenm se pa sèlman liv ak editè ak libreri, men tou eksperyanse lavi, eksperyanse plezi senp lavi ofri, viv an bon vivan nan sans pozitif, andeyò tout kritik initil ki pa fè avanse yon pwojè espesifik jije valab. Nòt nan livrè kolòk la di de Saint-Eloi « *son œuvre est une longue traversée des villes, des fleuves et des visages* ». Mwenmenm ak misye nou gen anpil zanmi ankomen, men ankenn nan nou pa t montre enterè pouse zanmitay nou two lwen.

Te gen tou Kathleen Gyssels ke m te byen kontan fè koncsans apre anpil ane n ap koresponn nan imèl. Li sòti depi Bèljik pou l patisipe nan kolòk la. Li voye plizyè kontribisyon pou revi *Tanbou* ki ekselan e byen rechèche, pami yo youn sou Madison Smartt-Bell e yon lòt sou Edwidge Danticat. Li anseye nan Inivèsite Antwerpen, nan Bèljik, kote li espesyalize nan literati pèp tyèsmond yo. Li te fè prezantasyon l lan sou « Elégie pour Roumain : Damas, Guillen, Maximin ». Sa te fè m plezi wè li nan Pòtoprens kote ou santi l apresye eksperyans la. Mwen te kontan fè konesans Marie José Nadal ki pale m de rankont li avèk Jak Estefèn Aleksi ke l te konnen depi l te ti jèn fi. Mwen ta renmen te gen plis tan pou m te pale avè l.

Robert Arisma patisipe aktivman nan kolòk la ; ou pa t konnen sil te la ankalite repòtè, anseyan nan FLA (faculté de la linguistique appliquée) oubyen aktivis kiltirèl. Nan fen premye pati kolòk la li sikile yon keksyonè ki mande santiman patisipan yo sou kolòk la, (apre kolòk la li pibliye yon bèl repòtaj nan *Le Nouvelliste* ak *Le Matin* kote li di kolòk la « konte pami zaksyon ki pi enpòtan Rektora a reyalize depi manda dirijan yo te koumanse sa gen kat tran. Se yon kokennchenn evennman pou yon bon okazyon »).

Mwen te fèk tande pale de Pierre Vernet nan yon atik ki soti sou li ou pa li nan *Haïti-Progrès* nan zòn fen ane 1980 yo. Sa m sonje de atik sa a se lefètke misye te pran pozisyon tranche pou valorizasyon lang kreyòl la ann Ayiti. Mwen pa t ka al nan panèl li a kote li t ap pale jisteman de « Langue et combat politique dans l'œuvre de Jacques Roumain ». Sa te fè m plezi lè mwen te wè misye nan sal mwen t ap al prezante a, nan fen prezantasyon pa l la.² Mwen regrèt mwen pa t wè Laennec Hurbon, Frankétienne ak Yves Dejean nan kolòk la. Nan dènye liv mwen an mwen felisite Hurbon pou travay dezonbifikasyon ak valorizasyon l'ap fè sou kilti ak lang fondalnatal pèp ayisyen an (kreyòl ak vodou)—menmlè m te kritike pozisyon non-kritik li te pran sou koudefòs Lafrans ak Etazini te deklennche a pou ranvèse yon gouvènman konstitisyonèl ann Ayiti (29 fevriye 2004). Men mwen toujou respekte travay penetrasyon li fè nan sosyoloji ayisyen an pou konprann *alterite,* sètadi sa yon zòt, yon pov, yon oprime, yon lòt ras oubyen etnisite ye parapò ak fòs sosyo-politik e enstitisyon kiltirèl dominan yo.

Mwen regrèt mwen pa t wè Frankétienne, sitou nan yon kolòk entènasyonal sou Jak Roumen. Mwen te kontan fè konesans misye nan okazyon yon pyès teyat misye te vin jwe nan Boston. Mwen tande pale de li lè m te tijènjan tankou yon « pwofesè lekòl kominis » ki te gen konpòtman ak pozisyon antikonfòmis anplen pouvwa krazezo Papa Dòk. Liv Frankétienne sou *espiralism* lan, *Ultravocal,* vin pwouve tandans antikonfòmis sa a ; men sa ki te pi enpresyone m se lefètke misye ekri yon roman ak anpil pyès teyat antyèman an kreyòl. Pou yon entelektyèl ki te sot nan tradisyon « frankolonize » ayisyen a, selon bon timo Idi Jawarakim a, misye te fè yon gran pa bò kote dezonbifikasyon.

Mwen te espere wè Yves Dejean (Iv Dejan) nan kolòk la. Yon espesyalis lang, Dejean se yon kokennchenn gason vanyan k ap travay depi kat dekad pou mete kreyòl nonsèlman lang nasyonal sou papye, men sitou yon enstwiman itil, operatif pou devlopman Ayiti, patikilyèman pou valorizasyon idantite afro-kreyòl pèp ayisyen an. Dejean panse enstwiksyon nan yon lang etranje jwe yon wòl negatif fondamantal nan devlopman yon endividi oubyen yon peyi. Misye mande pou yo anplwaye kreyòl nan ansèyman, nan administrasyon e nan tout lòt echanj enpòtan nan vi nasyonal ayisyen an. Fransè pa p elimine, men l'ap vin yon *lang segondè* ki ranfòse objektif bileng peyi a, men ki ap pèdi wòl elitis e wetiratis yo asiye l nan sosyete a antanke lang e kilti ejemonik inik depi 1804.

Preskripsyon pwogramatik paspatou olyede gid teyorik

Natirèlman, pi gwo kontras, siy depaman mwen te wè diran sejou mwen an ann Ayiti, se grann diferans ant, yon kote, jandevi patisipan kolòk yo, ki te benefisye de lajès gouvènman an ansanm ak kontribisyon sektè prive e ONG yo, e ki te loje nan otèl deliks, manje ak tout frè peye, e, yon lòt kote, jandevi grann majorite pèp ayisyen an k ap viv nan yon kondisyon sosyoekonomik ki kritik. Pa two lwen pezibilite otèl la, nan kwen toutakote a, mwen te wè anpil moun k ap mande oubyen k ap ofri pou lavant pwodui anpil moun pa t vrèman enterese achte : savon, telefòn, pyès òdinatè, estereo, an rezime pwodui deliks ki pa rezoud ekzijans bezwen imedya moun pòv yo. Pa two lwen fakilte kote rankont yo ta fèt la, mwen te wè eta vyolans yon lanfè sosyoekonomik e sosyopolitik ki t ap gripe moun yo, yon vyolans ki nonsèlman sosyal, politik e ekonomik, men ki tou kiltirèl, ekolojik, egzistansyèl.

Nan kad yon sitiyasyon si malouk, prezantasyon Alain Deneault a « Penser l'adversité : de Marx à Roumain » te parèt enteresan, espesyalman lè misye mansyone, nan entwodiksyon prezantasyon l lan nan livrè kolòk la, « konsepsyon popilè twoub » ki dèyè *La Montagne ensorcelée,* lòt roman Roumen an : « Elaborasyon yon panse "kominis" ayisyen ap vin okazyon pou panse advèsite a an fonksyon kritè istorik presi… e mezire tout limitasyon panse Marx la pou reponn ak kontenjans ayisyen nan ventyèm syèk la. » Yon espesyalis sou dwa e finans entènasyonal, travay filozofik Alain Deneault akse l sou kritik enfliyans koripsyon nan pèvèsyon ak vyolasyon dwa ak lalwa : paradi fiskal entènasyonal, trafik enfliyans, pouvwa malefik lajan nan sosyete oksidantal yo. Malerezman mwen pa t tande tout sa misye te di paske li pale ba e rapid diran prezantasyon an. Mwen ap kontan li l nan Ak ekri kolòk la.

Sa m ka di sou « limitasyon » panse Marx nan kontèks lit yon pèp, se lefètke li *nesesèman* limite lè yo mete l nan yon aplikasyon kote yo vle l fè yon travay menm Marx ak Engels yomenm pa t entansyone : sèvi kòm preskripsyon pwogramatik paspatou olyede gid teyorik. Se yon lòt sijè kolòk ! M' ka senpleman di marxism lan rete yon zouti teyorik enpòtan pou konprann mekanism eksplwatasyon nan sosyete de klas yo. Obsèvasyon Marx fè yo ak solisyon li sigjere yo, menmlè yo pa aplikad otomatikman nan tout sitiyasyon, toujou kenbe yon pètinans epistemolojik ki poko janm depase.

James Darbouze pa nonsèlman youn nan moun kle ki ede met kolòk la sou pye, de konsepsyon a ekzekisyon, li angaje tèt li tou, ansanm avèk Deshommes, pou kontinye travay-ansanm ak pèspektiv pou lavni anpil prezantatè yo te sigjere. Nan fen kolòk la, misye òganize nan biwo li yon rankont avèk Franck Laraque, Antoine Samy Hertho Janvier (ARAKA), Jean Eddy Menard (CLE), Wilson Dorlus (BVRR) pou tabli gwo pwen yon travay kontini ant kèk patisipan ki sot nan dyaspora a ak Inivèsite Deta d Ayiti, yon kolaborasyon k ap layite sou yon tan kout, mwayen e long. Pami pwen ki mansyone yo, genyen yon pwogram patenarya sou baz òganizasyon regilye konferans ak seminè, sant dakèy pou sila yo ki sot aletranje, ranfòsman fòmasyon Inivèsite a bay, patikilyèman nan syans imen e syans sosyal, elatriye. Franck Laraque panse san travay kontinuite ak ranfò baz solidarite ant Dyaspora ak Ayiti, lespwa kolòk la soulve a ap vin yon rèv anven. Mwen jwenn vwa m avèk Franck e lòt patisipan yo pou n salye oryantasyon pwogresis Inivèsite Deta d Ayiti a, kouwè òganizasyon ak siksè kolòk la montre l la, e nou espere travay koumbit ant kreyatè, enseyan ak aktivis kiltirèl yo, an solidarite avèk mas pèp ayisyen an, ap kontinye jiskaske lawoze douvanjou vin layi l zèl frechè li.

Note byen : *Nou pale sèlman de premye pati kolòk la ki te fèt nan Pòtoprens de 28 a 30 novanm 2007. Dezyèm pati a kontinye nan plizyè vil (Jakmèl, Sen-Mak, Okap, Ench, Fò-Libète, Gonayiv, Okay, Vèrèt ak Machan-Desalin), li dire de premye a 9 desanm 2007. Gen anpil patisipan enpòtan nan kolòk la ki pa site nan esè sa tankou* *pa egzanp Katell Coli, Joel Desrosiers, Jean Filsaimé, Marie Meudec, Fritz Calixte, Jean André Victor, Nixon Calixte, Alix Emera, Michel Acacia, Victor Benoît 3, Antoine Samy Hertho-Janvier, Claude Pierre, Nicholas Alrich, Hérold Toussaint, Vertus Saint-Louis, elatriye. Nou senpleman pa t ka pale de tout moun nan yon memwa sikonstansyèl.*

Nòt

1. Guy Maximilien malerezman peri nan tranblemanntè 12 janvye 2010 la.

2. Pierre Vernet malerezman peri nan tranblemanntè 12 janvye 2010 la.

3. Victor Benoît malerezman peri nan tranblemanntè 12 janvye 2010 la.

Sèl Pou Dezonbifye Bouki

Trayizon demokrasi, mistifikasyon lengwistik & lit istorik pou chanjman ann Ayiti

(Nou mande lektè yo pou yo padone n manyè didaktik nou anplwaye nan sèten pati tèks sila a. Nou te twouve li nesesè pou tabli kozalite, sètadi anchennman koz ak efè, plis kontinwite istorik nan zafè dominasyon/eksplwatasyon moun pa lòt moun. Nou te wè li nesesè tou pou nou tabli entèrelasyon ant divès manyè dominasyon ak eksplwatasyon manifeste yo.)

Lit pou chanje lavi ann Ayiti remonte depi rezistans pèp endyen yo kont kolonizasyon ewopeyen. Kolon espayòl vin evantyèlman estèmine prèske tout Endyen nan lil Ayiti, men san yo ak lespri yo rete sikile nan venn Ayisyen pa vwa sa Jak Estefèn Aleksi rele a « yon pasaj sekrè ». Premye esklav kolon Ewopeyen yo te kidnape—oubyen achte ak vil pri—pou vin travay latè nan « Hispañola », yon jou fè yon leve-kanpe e mande pou yo rebat kat la. Kolon refize, lagè degrenngole, esklav yo chase kolon yo e pwoklame yon peyi endepandan : *Ayiti,* selon ansyen non Endyen yo te bay tout lil la. Sa se kote ewoyik listwa a.

Fòk nou di tou, debakman Afriken yo nan kontinan ewopeyen yo vin rele « Nouvo Mond » la te gen antesedans li non sèlman nan rapasite kolonyalis pou jwenn mendèv pou piyay, men tou nan konfli ant plizyè rwayòm ak tribi endepandan, ki te konn fè lagè ant yo. Anpil nan moun ki debake yo te ansyen prens ak pèsonalite enpòtan nan peyi pwovenans yo, kouwè Tousen Louvèti ke listwa di ki te pitit-pitit rwa. Peyi ki te pèdi lagè oubyen ki te anvayi pa lòt peyi ou tribi—souvan avèk konplisite negosyan esklav ewopeyen —enmi yo fè yo prizonye e vann yo bay Ewopeyen yo. Se sa nou ta ka rele jounen jodia « outsourcing » oubyen « soutretans », travay ravitayman esklav pa pwòp frè afriken yo paske rapas Ewopeyen yo pa t wè li nesesè pou yo kontinye ap kidnape esklav yomenm pa fòs ; yo sèlman ret tann « ravitayè » yo ak lajan nan yon men e kanon nan yon lòt. Lafwa ak relijyon vin tabli yo pita kou mwayen nòmalizasyon paekselans pou desounen lespri Afriken debake yo.

Mit orijinal dèyè listwa glorifik peyi d Ayiti fè yon lis ki long, sa ki fè gen anpil verite ki pa sikile. Pa egzanp nou pa janm li l nan istwa ofisyèl peyi a, men li bon pou n konnen, Tousen Louvèti te sakrifye pwòp neve adoptif li Moyiz paske Moyiz te mande pou misye adopte yon politik agrikòl ki favorize peyizan ki t ap travay tè yo. Li bay lòd ekzekite Moyiz pou l ka gen favè blan kolon konseye l yo ak lòt blan nan Metwopòl la ki te vle kontinye gade privilèj nan koloni Fransè yo te rele Sen Domeng la.

Pita Jan Jak Desalin, ofisye siperyè sou Tousen, siksesè li nan tèt revolisyon an, vin touye pwòp kanmarad li, Chal Bèlè, akoz dezakò sipèfisyèl ki gen anpil awè avèk konsepsyon megalomanyak e otokratik sou pouvwa siprèm nan peyi a. Kan, pita, J.J.D. deside pou li met lòd nan dezòd nan sistèm pwopyete peyi a, kèk enmi ansanm avèk konplisite ansyen kolèg e kanmarad fè konplo e rann misye yon anbiskad kote yo touye li. Sa rive ekzatteman jou 17 oktòb 1806, sètadi sèlman de zan e kèk mwa apre misye te deklare peyi a endepandan, avèk anpil bravou e ewoyism. Avan sa, kit Kristòf, kit Desalin pa t twò esklizivis anvè Tousen kantilsaji defann pwòp enterè yo.

Tout disnevyèm syèk istwa ayisyen an se yon kontinwite konplo, enzireksyon, koudeta ak aksyon destabiizasyon kont Leta santral la oubyen kont predasyon Leta santral sou mas pèp la ou kont enterè de klas pa gwoup sitwayen an revòlt. Natirèlman wòl Leta ayisyen se prèske toujou kenbe yon sistèm represyon pou mentni *statu quo* a, sètadi kenbe bagay yo jan yo ye a. Lennmitaj ak konplotaj ak kouba nan sen mesye sa yo vin tounen yon pratik pèmanan…

Revèy e reparisyon listwa ann Ayiti

An 1986, pèp ayisyen an leve kanpe e mande pou Jan-Klod Divalye—ki te ranplase papa li Papa Dòk—bat zèl yo. Olyeke yo bay pèp la pouvwa a, klas dominan yo ansanm avèk konplisite e sou direksyon Etazini ak Lafrans fè konplo e tabli yon Konsèy Nasyonal Pou Gouvènman (KNGP), sètadi yon sistèm « divalyeris san Divalye ». Kèk ane pita, gras ak presyon e mobilizasyon pèp la, yo tabli yon Konstitisyon konpwomi kote li di klèman « makout pa ladann pou omwen di zan ». De 1986 a 1990, lit pèp la kont fòs konbine makoutis, boujwa dirijan ak enperyalis yo kontinye mennen fò. Anpil nan yo tonbe, ke pa asasinasyon endividyèl kouwè Gasnè Remon, Antwàn Izmeri, elatriye, oubyen masak kolektif kont peyizan kouwè nan Jan-Rabèl an 1989.

Apre yon chay tribilasyon, kraze-zo, kout baton, mizè fòse, egzil lòtbòdlo, anvwaman kay Mèt Lanmò, pèp la envante yon fòmil yo pa t ap tann e vote anmas pou prezidan kandida pa li an 1990, Jan-Bètran Aristid. Apre 1804 e 1986, se twazyèm fwa pèp la itilize souverènte l pou l enpoze sa limenm li vle. Yo vote pliske 67% vot popilè a pou Jan-Bètran Aristid vin prezidan. Pou klas dirijan-dominan tradisyonèl yo ansanm avèk milye enperyalis yo (neokolonyalism e neoenperyalism ansanm), ekspresyon souverènte popilè sa a pa t enpòtan— aprètou yo bay tèt yo dwa pou yo fè sa yo vle, jan yo vle, vot ou pa vot. Rezilta : Yon koudeta sanglan kont Aristid ki tiye plizyè milye moun sèlman apre 7 mwa depi li vin opouvwa (30 septanm 1991). Nouvo gouvènman dappiyanp poutchis la voye Aristid ann egzil. An kowalisyon avèk yon bann paramilitè sanmanman, yo seme laterè tribòbabò. Egzil ak « diplomasi » amoli Aristid jiskaske li vin asepte pou 20.000 marin meriken akonpaye l retounen ann Ayiti. Se te yon gwo erè. Mwen te denonse desizyon sa a kou nonsèlman yon move taktik, men tou kou yon lejitimasyon e jistifikasyon *a priori* nenpòt lòt entèvansyon enperyalism meriken ta vle fè nan peyi d Ayiti.

Se sa jisteman ki vin rive : 10 zan apre, Etazini ak Lafrans te twouve li lejitim pou yo entèvni ann Ayiti, ann opozisyon kont nonsèlman gouvènman santral la, men tou ann opozisyon ak Konstitisyon ayisyen an ki ilegalize tout pasaj nonkonstitisyonèl pouvwa a e ki entèdi yon vakans pouvwa prezidansyèl ki dire plis ke 90 jou.

Demokrasi kòm pretèks pou jistifye destabilizasyon

Kouwè nou tout konnen, lalwa ak konstitisyon obeyi e obsève—ann Ayiti an patikilye men tou nan tout lòt peyi—kan yo pa jennen enterè fondamantal klas dirijan yo. Se menm jan an tou pou « demokrasi ». An n pran kèk ekzanp nan istwa kontanporen an : Nou konnen, natirèlman, istwa Patrice Lumumba, premye minis peyi Kongo pèp kongolè te eli demokratikman, ke kolonyalis Bèljik ansanm ak boujwazi kongolè a aksyon CIA, te elimine an 1961 paske yo pa t renmen sa l t ap di pou chanje lavi Okongo e defann endepandans Kongo kont dominasyon enperyalis.

Nou konnen tou sò demokrasi an Chili an 1973 apre pèp chilyen an te eli yon gouvènman sosyalis ak yon majorite demokratik reprezante pa Salvator Allende. Gouvènman Richard Nixon lan Ozetazini ansanm avèk grann boujwazi chilyen an pa t renmen vot demokratik sa a, dotanplis Allende t ap pale de « sosyalism nan kontitisyonalite », ansanm ak defann dwa travayè ak malere ki te oprime. Nou konnen rès istwa a : CIA, lame chilyen e grann boujwazi chilyen an lanse yon koudeta, asasine Allende (ou koze l komèt suisid) e tabli yon diktati militè sanginè avèk Augusto Pinochet alatèt ki dire plizyè dekad.

Lòt ekzanp pyetinenman demokrasi lè li pa nan enterè pouvwa santral la nou ka site, se istwa sispansyon vòt popilè a nan premye tou eleksyon palmantè ann Aljeri an desanm 1991. Lame aljeryen sispann konstitisyon an e bloke dezyèm tou eleksyon an lè yo wè Fron Islamis de Sali a (FIS) t ap al ranpòte laviktwa. Gouvènman santral aljeryen an jistifye zaksyon an sou pretèks menas yon evantyèl pouvwa islamis, ki gen tandans fondamantalis, te prezante pou lòd sosyetal dominan an ann Aljeri. Ke jistifikasyon sa a te lejitim ou pa, li te klè demokrasi pa t yon absoli malgre jan pwopagann oksidantal te vle fè moun panse. Grann pwisans defansè demokrasi kouwè Lafrans, Etazini ak Langletè te fè ti babye pou lafòm kont zaksyon militè aljeryen yo, men tout moun te konprann byen yo te sipòte zaksyon an anbachal. Mesaj ki te sòti sèke demokrasi se yon dispozisyon relatif nan sistèm enterè de klas milye dirijan yo tabli pou enpoze yon nòmalite. Li pa baze sou ankenn gran prensip, antouka pa bò kote boujwazi dirijan yo. Aprètou, yon moun oubyen yon sosyete toujou bay tèt li, chwazi pou tèt li, yon ideyoloji an fonksyon chimen enterè ki dirije l.

Apa de koudeta kont Aristid yo an 1991 e 2004, gen lòt ekzanp mepri pou demokrasi kouwè zaksyon Rus yo an Chèchni oubyen reyaksyon Izraèl ak Etazini fas ak eleksyon HAMAS, yon pati islamis, ki pran pouvwa an Palestin apre eleksyon demokratik an 2006. Tout grann pwisans ewopeyen yo ansanm ak Izraèl e Etazini bòykote gouvènman HAMAS la, bloke tout finans pou li e mete do l kont yon mi e fè li pi dechennen e vyole pwòp sistèm demokratik ki te ede l pran pouvwa a. Fenomèn/sendròm sa a te fè prèv li sou dezyèm gouvènman Aristid la kote travay desap boujwazi dominan an ansanm ak bòykot enperyalis te pouse Aristid vyole pwòp prensip demokratik ki te ede l pran pouvwa ; an retou milye sa yo vin sèvi ak sa kòm pretèks pou jistifye destabilizasyon rejim Lavalas la e, evantyèlman, entèvansyon militè Etazini ak Lafrans. Se yon sèk visye dyabolik estratejis reyaksyonè yo met sou pye pou bare tout chanjman nan lòd sosyetal malouk la. Nou wè menm bagay la vin rive resamman an Libi, e patikilyèman ann Ejip.

Eleksyon kòm mwayen taktik pou pran pouvwa

Pèp ayisyen an te vle sèvi avèk eleksyon Aristid opouvwa kou yon enstriman, yon zam politik, yon mwayen taktik pou li rann lavi miyò. Gen moun ki di zam politik sa a vin tounen kont pèp la e sa delejitimize tout eksperyans la. Nou pa dakò avèk opinyon sa a. Gen sètènman eleman kriminèl nan rejim Lavalas la ki te komèt zak repreyansib, zak malouk pou entimide opozisyon an e gouvènman an pa t pini yo, men delejitimize tout gouvènman an ansanm avèk sipò li kontinye resevwa de pèp la, deklare l lennmi pèp la e konpare/idantifye l avèk rejim divalyeris la, se yon gwo voltij voyemonte ki pa baze sou fè istorik yo.

San nou pa p antre nan fot rejim Lavalas la te komèt e san jistifye yo sou ankenn pretèks, genyen grann diferans ant rejim otoritè, diktatoryal e menm « chimerik » de goch yo (Mao, Castro, Aristid, Chavèz, pa ekzanp) e rejim diktatoryal, sanginè e antipèp de dwat yo (Franco, Moboutou, Stroessner, Papa Dòk, Pinochet, Cedras, pa ekzanp). Dezyèm gwoup rejim sa yo toujou kontwole pa boujwazi dirijan peyi sa yo, an konplisite avèk enperyalism entènasyonal la ki kontinye ba yo sipò li jiskalafen. Tandiske rejim otoritè de goch yo toujou plizoumwen defann enterè klas ki pi defavorize yo e akoz de sa yo toujou twouve yo an konfli avèk enperyalism entènasyonal la. Epitou, yon lòt trè komen yo genyen, e ki diferansye yo de rejim sanginè de dwat yo, sèke klas boujwazi dominan peyi konsène yo toujou rayi rejim sa yo, ke yo twouve ap travay kont enterè yo, e yo toujou fè tout sa yo kapab, an konplisite avèk enperyalism entènasyonal la, pou yo sabote yo e, evantyèlman, ranvèse yo.

Se yon grann diferans, e se sa ki fè nou pa dakò avèk moun k ap mete yo nan menm mamit. E lefètke diferans sa yo reflekte diferans ant de vizyon radikalman opoze de lavi, li enpòtan pou nou poze aksan sou yo. An politik, gen lenminite ki sibjektif, psikolojik ouswa abstrè, ki baze sou lit pou pouvwa ant eleman opòtinis nan sen yon menm klas ki an konpetisyon ; genyen tou lenminite ki objektif ki baze sou enterè fondamantal ki dwa defann, keseswa bò kote klas dirijan yo ouswa bò kote pèp la.

Gen twa eleman enpòtan pou nou konsidere lè n ap analize kriz fevriye 2004 la si n ap gade evennman yo avèk objektivite. Premyèman, grann boujwazi ayisyen an ansanm ak enperyalism meriken e fransè bòykote e sabote, politikman e ekonomikman, dezyèm prezidans Aristid la depi anvan menm misye prete sèman, alòske misye pa t vrèman yon menas pou liberalism ekonomik milye sa yo t ap prone. Epitou, akoz de fason otokratik Aristid, ki fè li ekzèse yon izaj pèsonèl pouvwa a, misye vin alyene prèske tout klas politik ayisyen an, pi patikilyèman ansyen alye e asosye li nan kowalisyon FNCD a ki te ankadre li lè li te prezante kandidati l pou prezidan an 1990.

Dezyèm eleman kriz la se presyon pèp la sou Aristid, patikilyèman milye pov klas peyizàn lan ansanm ak lumpenn-proletarya nan vil yo, espesyalman Pòtoprens ak Gonayiv, ki te vote pou li e ki t ap mande pou yo chita « bò tab » la, selon metafò Aristid limenm itilize. Pou yon boujwazi absolitis, *razetèis*, totalitè, ki vle pou l se sèl chen k ap jape, e ki pa t janm pataje anyen avèk pèsonn, menm demand minimal Aristid sila yo te bay pwoblèm.

Twazyèm eleman enpòtan lit la se sa m ta rele *antesedans-apresedans* fenomèm Aristid la. Antesedans paske lit pèp ayisyen an pou lavi miyò, sètadi pou gen jistis, manje, edikasyon e pou respè dwa tout moun, se yon lit istorik ki presede, ki te la anvan, Aristid, e ki ap kontinye jounen jodia menm apre pliske 10 zan Aristid pa opouvwa. Kidonk, jefò yon sèten milye petiboujwa pou atribye tout pwoblèm ayisyen a Aristid, se yon jebede pou bwouye tout kat la.

An rezime, kriz ayisyen an, si ou wetire kote lit pou pouvwa nan sen yon konfreri opòtinis li genyen tou, se yon lit de klas ki met ankoz entèrè ekonomik fondamantal plizyè antite sosyopolitik, e ki pa p rezoud san yon politik revolisyonè ki drese yon balans nan sans jistis e respè dwa ak diyite tout moun, san wetire dwa ekonomik klas ki pi pov yo.

Se pa pa aza lit pèp yo toujou gen awè avèk latè, avèk zaksyon zòt pou apwopriye latè, e rezistans pèp yo pou kenbe kontinyasyon entimite yo avèk tè yo, avèk espas zansèt yo te mouri kite pou yo. Efektivman depi tan zansèt endyen yo—ki te pito sibi jenosid olye yo te kite kolon blan dezapwopriye e dezinifyc yo avèk latè—, lit pou latè te toujou fondamantal. Avèk enplantasyon Nwa afriken yo e mizanplas sistèm esklavajis la, lit pou latè e pou chanjman nan kondisyon jeneral malere t ap viv vin pran priyorite ; se pwoblematik sa a ki pa janm rezoud e ki ap kontinye nan kriz politik ayisyen jouk jounen jodia.

Pòskolonyalism e neokolonyalism

Nosyon kouwè *poskolonyalism* oubyen *posmodènism* brouye konpreyansyon sou *kontinwite* pratik kolonyalis yo nan lemond ansanm ak pèseverans pwoblematik *modènis* kouwè itilizasyon oubyen izaj lang kòm mwayen dominasyon, oubyen tou toutpwisans mache kapitalis la kòm faktè pou kontwòl sosyal. Kouwè Sylvia Molley di, Ewopeyen yo itilize konsèp « reyalism majik » la—ki te premye fwa fòmile pa Alejo Carpentier—pou te ranfòse pwòp vizyon rediksyonis yo fè de Amerik Latin. Men lang ak kilti Lamerik Latin lan enpòtan pou yo sèlman kòm relè enperyalism espayòl la ak mache kapitalis la.

Pandan entelektyèl tiboujwa ewopeyen e nò-ameriken ap diskite sou poskolonyalism oubyen posmodènism, gen tout yon pwojè neokolonyalis oubyen neoenperyalis ki ap pran pye e ki iyore totalman pa inivèsite k ap ponpe nosyon poskolonyalis yo. Pwojè neokolonyalis sa a manifeste l pa egzanp nan de koudeta kont Aristid yo an 1991 e 2004, oubyen tou nan envazyon Afganistan ak Irak pa Etazini an 2001 e 2003, oubyen ankò nan entèvansyon OTAN ak Etazini an Yougoslavi an 1999, an Libi an 2011, oubyen entèvanson LaRusi an Jòji an 2008, e ann Ukrèn an 2014. Nou rele entèvansyon sa yo *neokolonyalis,* paske menmlè yo rive nan yon epòk ki sanse depase pratik kolonyal yo antanke enstitisyon legalize, menmlè yo rive nan yon epòk ki gen ONI e ki sanse pwoteje dwa pèp, yo toujou itilize menm mwayen ak metòd kolonyalis 18èm ak 19èm syèk yo. An gwo, anyen pa nouvo anba solèy la.

Pèspektiv pou avni ak konpletid egzistansyèl

Nan konklizyon panorama istorik sila a, ki vle raple lektè yo sou reyalite kontanporen kriz ayisyen an, endepandan de *dualite* e vizyon patizan Lavalas-Konvèjans la oubyen Martelly-Opozisyon an, mwen ta renmen trase yon pèspektiv pou avni nan sans rèv liberasyon pèp ayisyen an—e nan sans revri yon powèt pou chanje lavi.

Toudabò, fòk nou tabli ke entèvansyon Etazini ak Lafrans nan kriz ayisyen an an 2004 agrave yon kriz politik ki te deja anpire. Olye l pote trankilite, demokrasi ak respè dwa moun jan sipòtè l yo te vle fè moun konprann, entèvansyon an pote represyon sistematik, briganday, lavi chè, povretarizasyon jeneral, e verifye yon prensip abitrè ki di si w se Etazini oubyen Lafrans ou ka chanje règ jwèt la jan ou vle (pa egzanp chanje yon gouvènman avèk yon kòmando), kontrèman ak jan sa fèt Ozetazini e ann Ewòp kote popilasyon an asepte altènans konstitisyonèl la menm lè gen kriz politik, kou nou te wè nan kriz prezidansyèl etazinyen an an 2000. Epitou li dekonstonbre tout akizisyon demokratik Ayiti te fè dis ane anvan yo.

Tranblemanntè an janvye 2010 la, ki ravaje Pòtoprens ak plizyè vil nan Sid-Ès Ayiti, vin agrave yon sitiyasyon ki te deja malouk. Pòtoprens etan yon sòt vil-nasyon, anpil moun egalegolize destriksyon yon pati Pòtoprens tankou destriksyon tout Ayiti ! Repons entènasyonal a devastasyon tranblemanntè a te manifeste an de manyè diferan : Youn se yon gran mouvman solidarite imanis soti nan plizyè peyi kòm Etazini, Kanada, Repiblik Dominikèn, Venezyela, Lafrans, elatriye ; yon lòt se itilize trajedi a ak vilnerabilite li ajoute nan sitiyasyon Ayiti pou ranfòse kontwòl enperyalis sèten peyi sou Ayiti. Etazini ak Lafrans anpatikilye anplwaye tou de manyè sa yo.

Yon kote, avèk èd òganizasyon non-gouvènmantal yo anpatikilye, te gen anpil èd ak asistans pratik ki sove lavi anpil moun ; yon lòt kote ranfòsman mekanis enstitisyonèl yo pou konsolide kontwòl peyi sa yo sou Ayiti. Lè nou di bravo pou youn—paske ankenn peyi pa dwe pèsonn asistans—, nou kondane lòt la, paske moun pa dwe sèvi ak trajedi natirèl pou domine lòt pèp.

Ak de konsyans solidaritè kont charite

Menmlè nou ka salye ideyalism imanitè ki motive anpil nan volontè ak fonksyonè ONG yo (Òganizasyon Non-Gouvènmantal), anpil ladan yo, kouwè Partners in Health oubyen Fokal fè anpil diferans nan kalite vi popilasyon yo sèvi yo, nou dwe anmenmtan an gade ajisman yo, vwamenm rezondèt yo, avèk yon lespri pi kritik. Fot fondamantal ki souye panse nou se espere asistans entènasyonal ak òganizasyon filantwopik yo ka ba nou plis ke yo kapab, nan yon sans se fot yo paske yo gen tandans, pou yo ka enpresyone moun k ap ba yo lajan an, gonfle akonplisman yo. Yo dwe estope fè tèt yo pase —e nou dwe estope pran yo—pou sovè pwovidansyèl ki kapab ranplase obligasyon ak prewogativ Leta. Esansyèlman, òganizasyon pwogresis ayisyen yo, enstitisyon nasyonal ayisyen yo, gwoupman patriyotik ayisyen yo, intelligentsia ayisyen an, dwe bò kote pa yo tou konsevwa e met sou pye yon nouvo kontra sosyal ak yon pwogram devlopman nasyonal ki pa baze—e ki pa depann—sou charite entènasyonal, men sou pwòp resous entelektyèl e materyèl peyi a.

Resous sa yo dwe enkli nonsèlman resous ki deja la ap tann pou nou òganize yo, men tou resous ki potansyèl. Youn nan resous potansyèl yo se lajan dèt endemnite Lafrans dwe Ayiti a, yon endemnite, kou nou di yon lòt kote, ki tiye nan ze pwojè devlopman Ayiti ke yo estime nan lajan koulyea a plis ke 30 milya dola.

Gen yon lòt dèt imanite dwe nou, se dèt entèvansyon Ayiti nan plizyè konfli mondyal pou defann dwa moun, dwa pèp yo genyen pou otodetèminasyon, kou nou ka wè nan èd nou bay abolisyonis anti-esklavaj Ozetazini yo, èd nou bay konbatan pou liberasyon Amerik Latin yo, e menm èd pou sove endepandans Lagrès.

Pa gen lontan deja m reyalize kalite gwosè èd jèn eta ayisyen bay revolisyonè anti-kolonyalis latinoameriken yo kou, dabò, Francisco Sébastien Miranda, epi Simon Bolivar. Èd ann ajan, an zam, an lojistik, bato e menm twoup pou goumen. An kontrepati a èd detèminan Petyon bay Bolivar la, li mande l pou libere esklav nan tout peyi li wetire anba pa t Espay yo. Bolivar onore dèt la, men aseptasyon li de anbago Etazini dekrete kont Ayiti a te rete yon gwo sous anbarasman pou Venezuela, men gran revolisyonè sosyalis Hugo Chavez pa t bliye jès Ayiti, e se an rekonesans a jenewozite Ayiti ki fè li bay èd enpòtan li bay Ayiti apre tranblemanntè janvye 2010 la.

Asistans Ayiti bay konbatan liberasyon latinoameriken yo te motive pa *solidarite,* e non charite. Sa Ayiti te mande an retou, se pa t ni rekonpans, ni redevans, ni menm gratitid, men yon *ak de konsyans,* yon ak ki pa t benefisye l patikilyèman men ki esprime prensip rezondèt li : libète pèp yo.

Konklizyon

Demand pou chanjman estriktirèl ann Ayiti pa yon demand nouvo, men li toujou fòmile nan mitan yon bann lòt rekriminasyon ki ka toudi moun. Donk, demand pou chanjman an dwe fòmile avèk plis klate.

Nou ka pati de premis Frank Larak ak lòt kanmarad prekonize a, ki di Ayiti gen anpil resous—resous imen, natirèl, jewolojik e kiltirèl—ki sèlman bezwen pou nou idantifye yo, rasanble yo e mete yo aladispozisyon pwojè liberasyon chanjmantal pèp ayisyen an.

Entèvansyon ekstra-konstitisyonèl Etazini ak Lafrans nan kriz politik ayisyen an an 2004 la retade e agrave pwosesis refòm politik ki koumanse an 1986–1990 la. Li kreye yon sitiyasyon pourisman e deteryorasyon nan sistèm politik ayisyen an ke tranblemanntè janvye 2010 la vin anpire. Kreyasyon HIRCH la apre tranblemanntè a te yon afwon, yon souflèt nan figi prensip souverènte nasyonal yon peyi e l te posib paske Ayiti t ap fonksyone sou pwotektora ONI.

Yon nouvo gouvènman ayisyen ki anbrase yon pwojè liberasyon nasyonal valid—ke l te eli demokratikman oubyen vin opouvwa pa vwa manifestasyon popilè—dwe mande anilman tout tèm pwotektora ONI yo.

Gouvènman sa a dwe mande pou Lafrans remèt bay Ayiti lajan endemnite li te fè Ayiti peye a, de 1825 a 1947 (li pase pèman dèt la bay Etazini apre okipasyon meriken ann 1915 la). Dirijan nouvo repiblik la te sètoblije peye bay Lafrans yon montan ki estime a 30 milya dola meriken nan valè lajan jodia pou swadizan restitisyon pou byen ansyen kolon te pèdi akoz revolisyon ayisyen an. Gouvènman Charles X la te voye plizyè bato degè fransè sou rad d Ayiti a e menase pou li bonbade l si gouvènman Boyer a pa asepte demand lan. Gouvènman an asepte e sa koute peyi a tout bidjè pwojè devlopman li pou prè de de syèk jiska jounen jodia. Gen moun ki kritike Boyer ak klas dirijan ayisyen an alepòp la pou lefètke yo asepte peye endemnite a ; se konpreyansib, men keksyon an dwe fikse sou kiyès ki benefisye de vòl la ak kiyès li viktimize, olyede kiyès ki asepte tèm demand lan.

Lafrans, gouvènman fransè a ak nasyon fransè an jeneral, ki te benefisye de gran sous finansman pou pwojè devlopman pa l endemnite a te favorize li, gen responsablite jodia pou yo remèt lajan an bay Ayiti. Se yon keksyon de lonè Lafrans. Endemnite a se yon dappiyanp istorik, yon eskwokri, ke jis jounen jodia Ayiti kontinye ap soufwi de efè li. Lafrans dwe redrese enjistis istorik sa a.

Etandone enpak estriktirèl obligasyon endemnite a te genyen sou pwojè devlopman Ayiti, li ta rekòmande pou Lafrans remèt lajan an kòm obligasyon finansman oubyen obligasyon kowoperasyon nan sèten pwojè enfraestrikti espesifik ann Ayiti.

Li endispansab pou genyen yon refòm lengwistik ann Ayiti alafwa nan ansèyman e nan tout administrasyon Leta yo, kote se kreyòl ayisyen an—alafwa oralman e ekritoryèlman—ki vin lang prensipal. Se yon kondisyon endispansab pou yon demokratizasyon reyèl ann Ayiti, dotanplis l'ap ede pwojè devlopman ayisyen an an jeneral.

Yon gouvènman revolisyonè ou refòmis konsekan ki anbrase valè imanis pou byennèt Ayiti dwe ensiste pou gen jistis pou viktim krim ak depredasyon sou gouvènman ayisyen ki pase opouvwa depi omwen dènye senkant tan ki sot pase yo. Ke nou fè l nan kad yon pwogram rekonsilyasyon nasyonal oubyen senpman nan kad pousuit jistis kont krim, se yon nesesite moral nou pa ka demake.

An n di tou, pou kore pèspektiv pou lavni n ap layite la a, tout pwojè politik, sosyoekonomik oubyen kiltirèl nou ta renmen pou Ayiti pa p janm reyisi si pa gen enstitisyon fò pou aplike e ranfòse desizyon k ap pran yo. Donk, n ap bezwen nonsèlman tabli enstitisyon fò ki ka kore nouvo politik nou pwopoze yo, men tou anmenmtan an eseye andwize kay pèp la e nan klas politik la anpatikilye, enpòtans respè enstitisyon e poukisa yo nesesè si nou vle tabli yon sosyete de dwa, yon sosyete ki gen jistis, yon sosyete vrèman demokratik.

Demantibilay pwosesis demokratik ayisyen an an 2004 te posib an pati paske pa t gen respè pou konstitisyon ayisyen an, ni pou akò aktè politik yo te fè antre yo. Nou konprann yon istwa tribilasyon anba men kolon ak nouvo kolon fè nou devlope reflèks mawonnaj ki ede nou siviv nan yon anvironnman ostil ; men gen lè pou mawonnaj e gen lè tou pou bati yon sosyete ki baze sou dwa ak lalwa ke tout moun dwe respekte.

Lit pou chanjman ann Ayiti pandan demi syèks ki sot pase a, se yon lit kont abitrè, kont gwo konson fè militè, kont malfezans tontonmakout, kont kòmandman ak brigad neokolonyalis. Tranblemanntè 10 janvye 2010 la, menmlè li pratikman agrave yon sitiyasyon ki te deja malouk, li ofri tou yon okazyon pou nou pati nèf e rebat kat la. Paske premye esè a echwe. Nan tèks sila a nou eseye layite yon metodoloji kritik ki pase tout bagay anbay griy keksyonnman, nou eseye chachè ki sa ki dèyè poud maldyòk yo voye sou Ayiti a e nou remake se pa yon poud maldyòk majik ki koze malè nou, men pito ajisman zòt, enterè zòt, egoyism zòt, avaris zòt, swaf pouvwa zòt, ensten dominasyon zòt, kalkil estratejik zòt, elatriye, ki dèyè tribilasyon an ; e sa nou remake tou ki enpòtan : li toujou depann de noumenm pou nou fè yon bagay a sa ; li toujou depann de noumenm pou nou chanje lavi.

Finalman, an n di, yon Ayiti libere se yon Ayiti ki sonje rezondèt nesans li, ideyal imanis liberasyonèl ki te fonde l e friktifye l. Nan esè sila a, nou itilize ekspresyon « trayizon demokrasi » paske nou vle wetire kote *fatalis* konpreyansyon sou pwoblematik ayisyen an, nou vle wetire fo panse ki di se desten nou ki kondane nou nan pas sila a. Sa nou toujou ensiste di, se pa lanati ni desten ki koze pwoblèm nou, men ajisman sèten gwoup sosyal, sèten peyi etranje ak sèten politisyen ki wè enterè yo nan esklizyon ak dominasyon majorite pèp ayisyen an. Se yon aranjman istoriko-sistemik ki kòmanse e kontinye tout longè istwa, ki kreye yon reflèks dominasyon e ki ap bezwen pou nou kontrekare l, tan ke gen moun k ap soufwi de li, pou nou devlope yon reflèks liberasyon.

Wòl syans politik se konprann orijinasyon fenomèn sa yo, kozalite yo, sètadi ki sa ki koze yo e ki sa nou ka fè pou nou prevni oubyen konbat yo. Kòman kreye espas moun ka viv byen, espas moun ka viv yon vi rejwisan, espas tout moun respekte dwa ak diyite tout lòt moun. Dwa sa yo enkli tou, natirèlman, dwa pou moun pale, aprann e jwi lavi l nan pwòp lang li. Se yon revandikasyon fondamantal.

Pèsistans prejije malpanse kont kreyòl ayisyen

Nan liv kritik literè bileng mwen ekri sou literati ayisyen, *La Parole indomptée/Memwa baboukèt*, mwen montre kapabilite izaj lang kreyòl ayisyen an nan yon nivo egal-ego ak lòt lang etabli e respekte yo, patikilyèman an relasyon ak lang fransè. Chapit sila a ap kontinye fokalizasyon, atansyon fikse, nou mete sou langaj e sou kouman sosyete nou an itilize l pou eskli, domine e eksplwate lòt moun.

Apa tablisman premis sa a, nou vle tou wetire lasi nan zye moun ak lèd yon jefò nou rele « dezonbifikasyon », kote n ap denonse tout vye prejije ak iyorans ki pètinàmman vle mistifye e kenbe moun nan iyorans pou anpeche yo konprann mekanis sosyal, ekonomik, lengwistik e politik yo ki tabli nan sosyete a e ki la esprèseman pou ranfòse sistèm dominasyon/eksplwatasyon moun pa lòt moun lan ki koze malè, mizè anpil moun.

Travay dezonbifikasyon an enplike ekspoze e devwale prejije nou rankontre nan vi sosyal nou, nan relasyon nou ak enstitisyon respekte yo kouwè administrasyon Leta yo, Lekòl, Inivèsite, Legliz, Edisyon, Komès, fonksyon liberal yo kouwè Lamedsin, Lalwa, elatriye. Kou Michel Foucault montre, *relasyon pouvwa* entegre nan manmèl tout enstitisyon sa yo, e yo rejwe nan relasyon lengwistik yo nan tout kwen sosyete a.

Prejije kont lejitimite kreyòl

Nou remake tou, malgre gran pwogrè aseptasyon lejitimite kreyòl la ap fè nan konsyantizasyon Ayisyen, anpil Ayisyen kontinye ap itilize fransè nan sa yo konsidere kòm evennman enpòtan nan vi yo kouwè maryaj, batèm, anivèsè, antèman, elatriye. Espesyalman antèman ak maryaj. Jès ewoyik Yvon Lamour a mwen lwanje nan liv mwen an *Critique de la francophonie haïtienne* (2007)— kote misye antanke parenn nòs te fè diskou anlonè marye yo an kreyòl ayisyen—, jès sa a pa repete nan sosyete ayisyen an jeneral, patikilyèman nan milye zòn iben yo oubyen nan Dyaspora a (nan milye riral oubyen peyizan yo, popilasyon an anplwaye kreyòl nan rityèl sa yo nan pwopòsyon majoritè, daprè estimasyon anpirik pa nou).

Mwen toujou twouve l dwòl nan antèman ak maryaj an patikilye seremoni yo kontinye ap mennen nan grann majorite nan ka an fransè. Yon kanmarad di nou dènyèman nan seremoni maryaj li, fanmi mari li refize kategorikman pou seremoni an (diskou, prezantasyon, elatriye) fèt an kreyòl ayisyen. Yo prefere fransè oubyen anglè, men pa kreyòl ayisyen ke yo konsidere enferyè. Sa ki pi tris la, menm moun sa yo pa pale ni fransè ni anglè nan yon konpetans elve, eke lang yo ka pi eksprime panse yo ak ide yo ladann se lang kreyòl ayisyen an yo pale lakay yo chak jou avèk fanmi yo, avèk zanmi yo, avèk vwazen yo, avèk moun yo travay ak yo, nan legliz yo, nan mache komin yo.

Nan plizyè etablisman kouwè labank ak otèl mwen vizite ann Ayiti, patikilyèman nan Pòtoprens ak Petyonvil, mwen wè moun k ap sèvi piblik la—ajan, kesye, kesyèz, sèlzmann, elatriye—ki adrese yo an fransè. Poukisa sèvitè sa yo pa adrese moun yo an kreyòl ayisyen ? Dabò se pou etabli yon distans de ran, pou yo siyale yo edike (paske pale fransè nan lespri sosyete a vle di moun edike, byenke gen yon pwovèb ki di *pale fransè pa di lespri*). Epitou tabli yon siperyorite. Pi gwo benefis esklizivite lengwistik sa a bay dirijan etablisman sa yo, li anpeche yon moun ki pa konn pale fransè pale twòp, donk kenbe li swa l pou l pa keksyone regleman etablisman an, swa pou l pa revandike dwa li. Se yon fenomèn nou wè pi patikilyèman nan tribinal kote pwosedi yo ap mennen an fransè, ant grefye, pwokirè, avoka ak jij ki pale fransè, tandiske defandan an oubyen asiyan an pa pale lang lan. Rezilta : Moun lan pa ka defann dwa li. Se yon fòm de esklizyon ki fèt avèk èd baryè lengwistik.

Konsènan refi pou chante antèman oubyen konsakre maryaj an kreyòl ayisyen an, rezonnman ki deyè li sèke, antanke lang ki pa rekonèt kòm konplè ni lejitim, konpare ak fransè e anglè ki konsidere kòm konplè e lejitim, yon konsekrasyon enpòtan kouwè maryaj oubyen antèman, ki mande yon rekonesans sosyal lejitim e lejitiman, li klè nan zye enterese yo ke seremoni an dwe fèt an fransè ou ann anglè. Se tris, men se reyalite. Natirèlman, pratik sosyal sa yo souvan rive enkonsyamman, antouka enterese yo konn pa wè gen anyen mal ladan yo.

Kritik senpatik e kritik esklizyonis

Genyen plizyè kritik kreyòl oubyen anti-kreyòl nan milye entelektyèl ayisyen an. Youn se yon kritik konsèvatè de dwat ki sèlman vle konsève *statu quo* a e ki privileje lang ak kilti fransè a nan dezavantaj kilti ak lang kreyòl ayisyen an. Se moun zanmi mwen Idi Jawarakim rele « *frankolonize* » yo. Genyen tou yon kritik de goch, ki asepte premis lang kreyòl ak kilti vodou a eksprime e reprezante idantite fondamantal pèp ayisyen an, men ki di tou, kouwè Jean Métellus te di, ou pa ka fè lasyans ladann, ou pa ka di « bagay serye » ladann. Kan moun sa yo pa omojèn, li gen anndann tou moun kouwè Leslie Péan, yon ekonomis e istoryen ki, kontrèman a Métellus, rekonèt *konpetans* lang kreyòl la kòm lang totalkapital nan matyè lasyans ak gran savwa, men ki drese lis *obstak* ki fè li pa ka vin lang prensipal sitèlman wo, ou ka di se yon bagay ki pa p janm rive !

Nan yon esè kritik misye ekri an mas 2014 ki titre « *Marasme économique, transmission des savoirs et langues* »1, li montre senpati li anprensip pou Akademi Kreyòl Ayisyen an, men li di tablisman yon enstitisyon korèk konsa se prèske yon rèv enposib sil pa antreprann nan yon sitiyasyon revolisyonè, pi presizeman nan kad yon nouvo modèl sosyete.

An n site misye yon ti jan plis paske tèks sila a se yon tèks majisteryèl kote Péan brose yon tablo lisid, reyalis e sistematik sou sitiyasyon lengwistik ayisyen an nan kad kriz politiko-ekonomik konik la. Misye di w depi nan papòt esè a se « *sèl yon diskou kritik sou kreyòl ayisyen an ki ka ede defansè kreyòl yo mete sou pye dispozitif ki kapad anpeche yon denatirasyon popilis* ». Misye di anpil lang kouwè fransè oubyen italyen se ansyen kreyòl ki derive de laten, li siyale pwoblèm lengwistik ayisyen an makonnen ak pwoblèm politiko-ekonomik yo eke ou pa ka rezoud youn san w pa rezoud lòt yo : « *Valorizasyon kapital lengwistik kreyòl ayisyen an pa dwe mennen nan yon nouvo esklizyon mas yo. Bi Leta maron an se te pou toujou majinalize majorite peyizan yo. Se esklizyon pèp la sou plan politik e ekonomik ki koze konsekans esklizyon li sou plan edikatif, lengwistik ak kiltirèl.* »

Patikilyèman nan estad sistèm globalis n ap viv la, paske misye panse pwoblèm lan se pa pwoblèm chwazi lang, men rechèch konesans, « *konesans se richès* » misye site presèp etidyan ayisyen ki t ap etidye an polonè nan Inivèsite Vasovi te di li an 2011. « *Ki sa Leta dwe fè pou finanse pwomosyon ak ansèyman kreyòl men tou fransè, anglè ak espayòl ? Konba a dwe mennen sou de fwon : fwon analfabetism ak fwon iletreism.* »

Misye di menmlè milyon dola Science Foundation bay pwofesè MIT Michel DeGraff pou l devlope ansèyman lasyans ak teknoloji an kreyòl ayisyen se yon pa nan bon direksyon, li mande tèt li sil pa ta preferab pou se te Ayisyen ki finanse yomenm pwòp ansèyman lasyans ak savan pa yo : « *Etranje ap toujou kontinye pran nou pou move komedyen si nou pa fè jefò desizif pou pran anchaj pwòp tèt nou. Gouvènman ayisyen an te ka finanse DeGraff olyede finanse kanaval ! Gouvène, lè yon nonm pa ni bèt ni mechan, se kapasite pou fè chwa konsa.* »

Nou dakò avèk misye lè li di eleman pou konstwi depasman kontradiksyon fransè/kreyòl la ekziste ann Ayiti. Misye di li pè pou kesyon kreyòl la pa kreye divizyon nan sen demokrat ayisyen yo « *retorik ak pratik reyaksyonè yo posib alafwa an fransè e an kreyòl* ». Li ajoute : « *Mande pou chanje lòd finansye ki koze malsite ekonomik e ekolojik n ap viv la dwe rete keksyon priyoritè nan yerachi pwoblèm pou n rezoud pou chanje lavni nou. San yon nouvo modèl sosyete demand pou chanjman an ap toujou rete siperyè parapò ak lòf nan mache lengwistik la. Vijilans dwe rete derigè si nou vle evite pou fòs statu quo yo pa manipile kreyòl ayisyen an.* »[2]

Mwen dakò ak Péan anprensip etandone yon politik sosyal kote kreyòl ayisyen an valorize, respekte e sèvi kòm lang prensipal nan enstitisyon Leta yo ak nan lavi chak jou, ap nan limenm yon bagay revolisyonè ; men kote mwen pa dakò avèk Péan se lè li sigjere pou nou tann anvan nou fè yon bagay ak sa paske nou gen lòt priyorite.

Sèl Pou Dezonbifye Bouki

Mwen pa dakò paske si nou fè menm rezonnman an nan lòt sitiyasyon lenjistis, inegalite, ak abi pouvwa nan sosyete a, kou pa egzanp salè yo peye travayè oubyen nan kondisyon travay malouk moun ap travay, oubyen nan kondisyon kay moun ap viv, oubyen ankò nan mank swen lasante, nou ka di fòk nou ret tann revolisyon pou nou ka chanje oubyen amelyore yo. Si nou panse konsa, nou pa p tabli sendika ouvriye oubyen sendika lokatè, ni lalwa sou afòdabilite lwaye, ni lalwa sou asirans sante. Si nou suiv lojik premis chanjman serye ap ka rive sèlman apre (e nan kad) yon chanjman revolisyonè, n ap sèlman konsantre sou priyorite pou n kreye yon nouvo sosyete san pote atansyon nou sou kondisyon anpirik, aktyèl, reyèl, moun ap viv *koulyea*.

Eksperyans rejeksyon nan rapò pouvwa ant lang ann Ayiti se pa yon bagay abstrè, li antrave e afekte lavi chak jou moun yo ap viv. Kou yon sendika ouvriye oubyen yon sant lasante, yon akademi osèvis yon lang domine ka jwe yon wòl non pa sèlman rezistans, men tou yon wòl prevansyon kont degrenngolad, kont pèdisyon, li ka ede tou nan afimasyon idantitè kominote domine a, donk santiman pozitif li genyen pou tèt li.

Kritik Péan yo enpòtan antanke kritik kont demagoji lengwistik, ki (kou misye montre w nan ka jan kèk eleman nan rejim Janklod Divalye te konpòte yo), fè menm travay ak mistifikasyon lengwistik la, men kritik yo dwe mennen nan kad yon jefò anpirik konkrè pou chanje sitiyasyon an.

Apre mwen wè menm fenomèn esklizyon kreyòl la opere nan plizyè antèman m'ale nan Boston ant ane 2000–2014 yo, ka moun ou ta panse ki te ka konnen e panse otreman, mwen vin konprann enfliyans ak enpaktizasyon pwofon ideyoloji frankofil dominan an genyen nan psikoloji sosyal moun yo, e yo vin manifeste nan rityèl evennman sosyal chak jou yo. Pwoblematik lengwistik yo, menm antanke eleman *kontraryan* nan lòd sosyal la, pa gen yon twò gwo plas nan yerachi priyorite enpòtan yo, sepandan, diminisyon nan yerachi priyorite enpòtan yo pa vle di yo pa gen enpòtans nan kondisyon jeneral malsite ak dominasyon moun yo ap viv la, ni tou, pou rezon sa a, nan pwojè liberasyon oubyen pwojè konpletid egzistansyèl moun yo.

Mistifikasyon lengwistik Ayisyen an makonnen nan mwèl li e fè li *entènalize* premis alyenan dominasyon yo enpoze sou li a. Se sa ki esplike menmlè lang kreyòl la se lang prensipal li—e souvan sèl lang li pale nan tout relasyon pèsonèl e sosyal li—, li vin adopte yon lang li pa two konnen lè li ap mennen bagay li konsidere enpòtan nan lavi li. Frantz Fanon pale de fenomèn sa a nan zèv li lè l pale de tinèg Matiniken ki sot nan metwopòl Lafrans k ap aji diferan, tankou yo siperyè sa yo ki pa t janm kite lil la.

Alafendèfen, mwen dakò avèk Leslie Péan lè li ensiste sou nesesite pou nou met sou pye enfraestrikti ki nesesè yo pou nou kore pwojè chanjman lengwistik nou anvizaje yo, men sa pa nesesèman bezwen fèt *anvan* nou lanse refòm lengwistik ann Ayiti. Anfèt, se reyalite anpirik la, antanke sistèm etabli, antanke *epistemè* (pou anplwaye konsèp prefere Foucault a), ki anpeche tablisman enfraestrikti ki nesesè yo pou chanje sitiyasyon an.

Kan sosyete ayisyen an an jeneral vin asepte lang kreyòl la kou yon lang ki reprezante li e ki eksprime ideyal ak vizyon egzistansyèl li, se lè sosyete ayisyen an ap vin vrèman libere de konsepsyon kolonyalis ou neokolonyalis yo ki vle kenbe li e sa li ye anba chenn. L'ap vin gen konpletid egzistansyèl lè li afime idantite kiltirèl lejitim li e sèvi ak lang kreyòl li a san konplèks e san wont. Men pou sa rive, fòk nou koumanse jefò yo menmlè chimen an parèt long.

Senbolism negatif rekalsitran sou mache lengwistik lan

Byenke pwoblematik enferyorizasyon kreyòl ayisyen an pa janm kite konsyans pèp ayisyen, ki di w kareman *pale fransè pa di lespri*, se sèlman vè zòn mitan disnevyèm syèk kalandriye ewopeyen an, avèk anpatikilye travay de frè Nau yo, Emile ak Ignace (1808–1860), ansanm ak zèv literè yo te rele « woman peyizan » yo, ki te pratike filannen kreyòl nan fransè, ke gen yon kritik plizoumwen atikile sou rapò ant lang ann Ayiti. Klas entelektyèl la toujou chache fè l parèt kòmsi pwoblematik la pa janm ekziste.

Chwa lafransite (lang ak kilti fransè a) kòm alafwa lang lejitim, referan entelektyèl e estanda valorizasyon, fè kreyòl la pase kouwè li se yon *estigma*, yon move bagay ou pa vle asosye ak li. Premye bagay kò anseyan Frères de l'Instruction Chrétienne yo fè apre Leta bay yo monopòl edikasyon ak enstriksyon ann Ayiti daprè Konkòda an 1860 ant Sen-Syèj ak Leta ayisyen an, se dekrete entèdiksyon pou elèv lekòl pale kreyòl kit nan klas kit menm nan lakou lekòl la. Yo ba ou yon «jeton», yon mak negatif, chak fwa yo detekte w k ap pale kreyòl. Yo fè w santi w tankou yon kriminèl, yon òlalwa, lè w'ap pale lang manman ak papa w te aprann ou an. Sa k pi mal la, sosyete a vin jije w parapò ak degre konesans ou genyen de lang fransè, si w te konnen Lafontaine, Corneille oubyen Madame de Sévigné. Nivo grandèt ak estanda pèfeksyon yon sitwayen ou sitwayèn baze sou non sèlman mwayen ak resous materyèl li genyen, men sitou degre konesans, metriz ak fasilite li genyen nan anplwayaj lang ak kilti fransè a.

Natirèlman, tout fason panse sa yo kreye yon «epistemè», yon sistèm panse, aksyon ak konpreyansyon dominan ki koryas e ki reziste tout konsepsyon ki pa ale nan sans li. Se efè epistemè sila a n ap viv jounen jodia. Anchennman, antrapman ak makonnaj epistemè an kreye ka Ayisyen an anpil kondisyonnman ak reflèks ke souvan li pa menm reyalize.

Resamman dyektris yon òganizasyon dwa moun mwen konn travay avè l mande mwen pou m entèprete an fransè *olyede* an kreyòl ayisyen, jan sa te dakò avan an, pou yon gwoup Ayisyen ki pa pale anglè. Rezon li bay nan imèl li voye pou mwen an, sèke gwoup Ayisyen mwen ta pral entèprete pou yo a di li yo pale fransè, donk li panse li ta bon de preferans pou m entèprete an fransè paske ap gen yon Mawokèn nan asistans lan ki pale fransè men ki pa pale kreyòl ayisyen. Mwen reponn dyektris la e di li non, mwen pa p entèprete an fransè paske se pa tout Ayisyen ki pale fransè ki pa yon fransè tèt anba. Li voye yon lòt imèl ban mwen e di m tout moun nan gwoup Ayisyen an di li yo pale fransè eke se pa pwoblèm pou m entèprete an fransè.

Mwen voye yon dènye imèl bay li ki di se sèlman 10 ak 15 pousan Ayisyen ki pale fransè, men Ayisyen pa p janm admèt yo pa pale fransè paske se yon estigma, yon bagay ki fè w parèt mal, si ou pa pale fransè. Mwen di li se yon keksyon de prensip pou mwen eke li dwe fè m konnen si m bezwen vini fè entèpretasyon kreyòl li te orijinèlman asiyen m lan. Li reponn mwen pou l di non, pa gen pwoblèm pou m vini entèprete an kreyòl ayisyen pou gwoup Ayisyen yo, eke li espere li pa t ofiske m. Dyektris la se yon dam janti e dedye pou l ede lòt moun. Li di m mwen louvwi je l sou yon pwoblematik li pa t konnen.

Sa ki enteresan an, lè m rive nan reyinyon an, ankenn nan Ayisyen yo pa t fè ak de prezans, donk mwen fini pa entèprete pou Mawokèn lan, ki li te la ! Yon lòt bagay mwen remake, li sanble dyektris la te gen tan pran desizyon pou l elimine kreyòl ayisyen sito l ke l te fin pale a gwoup Ayisyen yo paske nan feyè literati ki te prepare pou reyinyon an te gen an fransè, ann espayòl ak pòtigè men pa ann ayisyen...

Ti ekzanp mwen bay pi wo a, se yon reprezantasyon sou yon plan « mikwososyolojik », toupiti, sa ki rive sou grann echèl ak nan yon popilasyon pi laj prèske chak jou ann Ayiti, ak nan tout milye Ayisyen.

Yon moun mwen rakonte istwa sa a panse rezon Ayisyen yo pa t vin nan reyinyon an gen awè ak lefètke yo panse reyinyon ta pral fèt an fransè, donk posiblite pou ekpoze defisyans fransè yo an piblik. Donk anpeche yon anbarasman ki ka deklase yo nan zye patisipan yo (menmsi yo pa gen ankenn pwòblèm pou admèt menm defisyans lan ann anglè).

Izaj lang kòm mwayen pou dominasyon ak esklizyon

Nou ta renmen isit la tou poze aksan sou yon pwoblematik ki, menmlè li pa parèt prensipal nan trajedi ayisyen an, fè pati de eleman santral yo ki mangonmen pwojè liberasyon ak devlopman peyi d Ayiti. Pwoblematik sa a se izaj lang kòm mwayen pou domine e eskli majorite pèp ayisyen an.

Efektivman, itilizasyon lang ak kilti fransè pou eskli pèp la se yon sòt de peche orijinèl ki anpwazone reyalizasyon ideyal liberasyon ak devlopman peyi a. Toudabò, alòske peyi a te rive pran endepandans politik li parapò ak Lafrans, kontwòl kolonyal Lafrans kontinye pa vwa kiltirèl e lengwistik. Nonsèlman anpil nan premye ekriven ayisyen yo te imitatè kouran literè ki te predominan an Frans, tout sistèm edikasyon ayisyen an vin tabli selon modèl ansèyman ann aplikasyon an Frans, e selon paradigm epistemolojik klas entelektyèl fransè a an jeneral. Sètensi, *chwa* sa a vin ede reprime altènatif kiltirèl e epistemolojik kilti ak relijyon afriken mas esklav yo te ofri. Malgre sivivans rezistansyèl relijyon ak kilti vodou a ka majorite pèp la, an reyalite kilti ak lang fransè a rete paradigm dominan ann Ayiti (pre-endepandans e pos-endepandans) pou pliske twa syèk jiska jounen jodi a—yon reyalite ki te ede konsolide avèk èd enstitisyon kouwè Les Frères de l'Instruction Chrétienne.

Difètke paradigm oubyen epistemè edikativo-lengwistik sa a, aprè plizyè syèk dominans, bay yon rezilta ak eritaj edikatif si dezolab e deplorab (65% analfabèt, soudevloman andemik, kondisyon lavi mizerab, elatriye, menmsi sila yo enkòpore nan dominasyon sosyo-politik la an jeneral), li montre klè pou nou li endispansab pou nou jwenn yon altènatif. Altènatif la se yon pwojè lengwistik, edikatif e kiltirèl ki anbrase e valorize kilti ak lang kreyòl ayisyen an. E ki anbrase tou prensip edikasyon se yon dwa inivèsèl, se pa yon privilèj pou sèlman yon ti gwoup moun genyen. Paske l se yon dwa lelit dominan an pa ta renmen pou rès popilasyon an jwi, yo vin rann li chè e inaksesib pou anpil moun. Epitou, yo atifisyèlman ogmante valè sosyal li obenefis yon ti klik privilejye.

Tout pwojè pou yon Ayiti miyò dwe gen ladann yon politik lang ki revèse sitiyasyon dominasyon yon lang minoritè sou yon lang majoritè a. Li dwe gen ladann yon politik kiltirèl ki valorize eritaj ak valè imanis pa nou, olyede *jakorepetism* ki karakterize anpil nan pwodiksyon kiltirèl nou yo.

Etandone yon refòm lengwistik e kiltirèl, pou l efektif, dwe rive nan kad yon praksis pou chanjman sosyetal, nou dwe travay tou pou mete ann Ayiti enstitisyon ak estrikti etatik e sosyal ki pwomouvwa *anmenmtan* jistis sosyal ansanm ak yon ideyal imanis inivèsalis, sètadi yon pwojè sosyete ki respekte dwa tout moun, fi kou gason, granmoun kou timoun, moun lakay kou letranje, genyen pou viv byen e anpè, avèk respè pou entegrite kò l ak lespri l.

Yon politik liberasyon ki entegre lang kreyòl ayisyen an kòm lang prensipal pou edikasyon e lang prensipal pou travay nasyon an ap vin andwize ka Ayisyen an yon respè pou tèt li ak yon santiman misyon pou fè peyi l sot nan malè lamizè. Li ka elve tou nivo edikasyon popilasyon an paske moun aprann pi byen lè yo anseye yo nan lang yo, e meyè konpreyansyon ap mennen ak meyè jijman, donk meyè desizyon. Edikasyon ak liberasyon espirityèl oubyen liberasyon nanm ka kreye yon dinamik kreyatif ansanm ak yon nouvo bio-politik ki ankouraje sa ki bon, sa ki valab, sa ki dirab, sa ki respekte entegrite ak diyite èt imen.

Yon kritik presyozite gramatikalo-pèfeksyonis ayisyen an

Nan liv li *Les mots et les choses*, Michel Foucault mansyone anpasan wòl koutye nòmalizasyon piblikasyon *Grammaire générale* la te jwe an Frans nan XVIIIèm syèk ewopeyen an. Byenke li pa t di l kareman, ou santi enkyetid filozòf « relasyon pouvwa » a ki redoute kote *political correctness* ak wòl veyè tanp kodifikasyon gramatikal la ka genyen. Misye di konsa : « Analiz montre korelasyon ki ekziste diran tout laj klasik la ant teori reprezantasyon yo e teori sou langaj yo, sou òd natirèl yo, sou richès e sou valè. »

Mond fizik nou ladann lan ekziste andeyò mo yo, men langaj moun, lè yo nonmen yon bagay, bay bagay sa a lòt fonksyon oubyen finalite, yo tounen mond, nati, egzistans : « Lè yon moun pale de 'blanchè' se yon kalite li vle deziye, men li itilize yon sibstantif pou li deziye endividi ki ekziste pa yomenm. Sa pa vle di sèl lwa langaj obeyi se lwa reprezantasyon, men okontrè li gen avèk pwòp tèt pa l e nan pwòp fòs pa l rapò ki idantik avèk reprezantasyon. » Misye di jeneralite oubyen inivèsalite *Grammaire générale* la pa t gen twòp awè ak règ gramatikal ki ka komen a tout domèn lengwistik, men « avèk fonksyon reprezantasyon diskou—keseswa fonksyon vètikal li ki deziye yon reprezante oubyen fonksyon orizontal ki lye li avèk menm mòd panse a ».[3] Se pou rezon sa yo sireyalis fransè yo te atake konfòmism boujwa a ansanm ak konvenans lengwistik, alafwa nan langaj pale e alekri, ke yo denonse kou youn nan kadav santi sosyete a.

Lelit entelektyèl ayisyen yo toujou itilize yon sòt presyozite gramatikalo-pèfeksyonis nan anplwayaj lang fransè a selon gramè ki apwouve pa Depatman Edikasyon Fransè oubyen pa Akademi Fransè oubyen tou pa michan mètapanse nan LaSòbòn. Kou nou siyale piwo a, se yon pratik Foucault di klas noblès ewopeyen yo kòmanse depi nan epòk klasik la, men nou panse ki kòmanse depi pi lontan ke sa e ki komen a tout sosyete ki genyen klas konstitye oubyen tou lidèchip dirijan. Natirèlman klas boujwa ki vin pran pouvwa nan plizyè peyi ewopeyen apre Revolisyon Fransè a kontinye pratik sa yo, ki ba li yon ranpa kont klas defavorize yo.

Kou nou ka wè pratik itilizasyon sibtilite lang pou eskli lòt klas yo oubyen pou endike yon siperyorite pa esklizif pou Ayiti, men ann Ayiti, avèk an patikilye enpozisyon edikatif ak enfliyans Frères de l'Instruction Chrétienne yo, ki kontwole tout kirikilòm lekòl ann Ayiti, e ki pouse yon fransizasyon miskle, avèk èd rigwaz ak lawont, pratik esklizyon ak meprizasyon an vin tounen yon reflèks kote moun jije lòt moun daprè jan yo pale, pwononse e swiv règ gramè lang fransè a.

Ayisyen terifye fè fot òtograf ouswa fot gramè an fransè ; anfèt gen moun ki rejte valè tout yon atik, pafwa menm tout yon liv, lè yo wè fot òtograf ouswa fot gramè ladann. Anpil nan yo pa okouran anpil relachman règ Akademi Fransè fè, nitou fot gramatikal ou jwenn detanzantan nan tanp entelektyèl fransè kouwè *Le Nouvel Observateur* ouswa *Le Monde Diplomatique*. Ou ka di moun sa yo pi katolik ke lepap oubyen pi fransè ke Akademi Fransè.

Byenantandi li toujou rekòmande pou yon moun k ap sèvi ak yon lang, keseswa pale oubyen alekri, pou li anplwaye l byen, selon règ li. Genyen ka se yon ekzijans pwofesyonèl pou yon moun itilize konvenabman lang anvigè nan sosyete a, men ann Ayiti, konsènan ka fransè a, se yon sòt blasfèm, yon peche mòtèl, si ou pa di yon fraz byen an fransè oubyen si ou senpman pa konn pale fransè. Moun yo ap viv nan laterè pou moun pa dekouvri yo pa konn pale fransè. Youn nan rezon Pè Nikola koule m nan ekzamen katechism lè mwen te timoun se lefètke mwen mal pwononse *extrême onction*, yon ekspresyon mwen te gen difikilte pou m pwononse. Difikilte sa a fè mwen pa t etidye leson an kòmsadwa.

Genyen anpil « ti-mès » ayisyen ki kore reyalite prejije anti-kreyòl ann Ayiti, pa egzanp si ou ale nan yon bal e mande yon fi danse an kreyòl, nan 90% ka l'ap refize w. Mankman pwotokòl konfò sila a ka koute w plis ke yon dans, li ka koute w yon pwomosyon, li ka koute w ran w ak respè w nan sosyete a. Nan fasafas nan televisyon Michel Martelly te genyen ak Mirlande Manigat diran kanpay prezidansyèl la an 2011, li toujou ensiste pou l pale fransè, yon fason pou montre li kalifye paske l ka pwononse kèlke fraz fransè konvenabman. Se menm ti prejije anti-kreyòl sa a ki fè l vin mande se fransè ki pou lang travay Ayiti nan CARICOM, pa kreyòl ayisyen, lang pèp la.

Anpil fwa ekriven Max Manigat, yon bibliyograf ayisyen ki itidye izaj rejyonal lang kreyòl ayisyen an (e ki konpile yon asanblay travay ekstraòdinè sou mo ak ekspresyon kreyòl rejyonal yo ansanm ak sou zèv ki pibliye an e sou kreyòl ayisyen), voye imèl ban mwen pou l endike yon movèz anplwa nou fè de yon mo ouswa ekspresyon kreyòl ayisyen. Yon kote mwen apresye l paske mwen wè misye montre respè pou lang lan paske l konsidere l kou yon lang enpòtan ki gen dwa a bon anplwayaj kouwè fransè. Yon lòt kote mwen santi li kou yon anpwizonnman lang lan nan yon jakèt etwa e fèmen. Konpare ak fransè oubyen anglè—e san tonbe nan anachism lontan an kote tout moun te ekri kreyòl jan yo vle—, anpil mo nan kreyòl ayisyen pèmèt izaj fakiltatif, sètadi de ouswa plizyè fason aseptab pou anplwaye yo, depann de rejyon oubyen milye entelektyèl ki itilize yo oubyen ekri yo.

Lè mwen te fèk tande mizik Bob Marley yo mwen te sansibilize pa sajès rebèl ki genyen dèyè chak mo li itilize nan chante l yo. Epitou mwen remake yon lòt bagay : Byenke chante l yo itilize yon anglè jamayiken *nòmal,* sètadi ki ka plizoumwen konprann pa nenpòt lòt anglofòn, li pran anpil libète nan alafwa chwa lang ak nan rigè gramatikal lang anglè a. Aprètou, li te gen opsyon pou l chwazi chante nan yon anglè Lond kouwè anpil Ayisyen fè nan fransè Pari. Mwen toujou twouve li enteresan e revolisyonè, paske, kouwè sireyalis fransè yo, li montre santiman lang lan eksprime pi enpòtan ke nan *fòm* li atikile li.

Si w pase tan ap diskite sou kiyès ki ekri yon mo pi byen, mwen asire w gen anpil lòt bagay denpòtans kapital k ap chape w, kouwè senatè sou Papa Dòk yo ki te pase tan yo ap diskite sou ki bonn anplwayaj yon patisip pase tandiske peyi a t ap anglouti nan tirani. Se ti nyans sa yo nou pa souliye ase. Plezi lespri ap pi otantik si l debarase l de ankonbreman mistifikasyon k ap layite lakansyèl pou lòlòy Bouki. Yon revolisyon lengwistik ann Ayiti ap louvri yon bèl lavwa pou revolisyon sosyopolitik—e *vice versa.* An n atandan pa gen anyen k rete yon ekriven, e chak sitwayen ak sitwayèn, pou yo aprann ekri kreyòl ayisyen e travay ak li kou yon zouti serye pou alafwa kominikasyon, edikasyon, divètisman, medyòm konesans. Ap gen revolisyon esansyèlman, lè gen yon senbyòz, yon tyaka konvèjans, ant liberasyon sosyopolitik e liberasyon lengwistiko-espirityèl, yon estad *de-desouneman* nanm, yon etap dezonbifikasyon.

An n espere prejije elitis nou mansyone piwo yo pa repwodui nan yon nouvo *epistemè* kote lang kreyòl ayisyen an vin pran plas lejitim li nan sosyete a. Esklizyon ak meprizasyon pa vwa presyozite pèfeksyonis la ka rive tou nan kreyòl ayisyen, men, pou sila yo ki kwè lang dwe yon enstriman liberasyon, men non yon enstriman esklizyon, nou ka anpeche pou kreyòl ayisyen an vin tounen konsa, paske kreyòl ayisyen an se yon senbòl rezistans yon pèp ki vle di li ekziste, se yon afimasyon sa l ye ; akoz senbolizasyon ak aspirasyon sila yo, li pa dwe sèvi kou lang pou eskli, domine e meprize.

Parite pwopòsyonèl kont devyans monopolistik

Nan jefò pou nou konsevwa yon politik lang ann Ayiti ki jis e ekitab, nou vini avèk konsèk *parite pwopòsyonèl* la kote gen yon respè ak ekilib de baz ki tabli ant de lang nasyonal ayisyen yo (kreyòl ayisyen ak fransè) men ki rekonèt enpak konsiderab aksyon negatif pase yo genyen kont devlopman lang kreyòl ayisyen an, ansanm ak enpòtans grann majorite demografik ki pale li a. Se kouwè politik Ameriken yo rele « *affirmative action* » an, yon jewò koreksyon ansyen enjistis pa mwayen ratrapaj benefik nan tèm kout e mwayen.

Sepandan, genyen yon pwen nou ta renmen souliyen kantilsaji relasyon ant lang ann Ayiti, se tandans wè li tankou yon zewo-sòm aplikasyon kote si gen youn pa ka gen lòt ; oubyen tou ranplasman yon devyans monopolistik pa yon lòt devyans monopolistik. Ojis, nan revandikasyon pou valorize lang kreyòl ayisyen an, objektif la se parite, *parite pwopòsyonèl* paske fòk nou pran an konsiderasyon grann majorite lokitè monokreyolofòn yo, men parite toudmenm, pa derasinman, ni esklizyon, ni dominasyon, ni abolisyon lang fransè a. Akoz de wòl li jwe nan listwa ak nan literati nou, fransè ap toujou rete yon patrimwàn ayisyen, men yon patrimwàn kouwè lòt patrimwàn, pa yon privilèj elitis ki sèvi pou eskli e domine lòt moun.

Nou kwè nan yon vrè bilengwism kote tou de lang yo anrichi valè kiltirèl peyi a, e anfennkont total pwodiksyon kiltirèl, vwamenm bio-ekonomik li. Nou kwè nan yon literati ayisyen eksprime e ekzèse nan tou de lang nasyonal yo, yon literati ayisyen ki vin apresye non paske li gen gran ekriven k ap ekri bèl zèv frankofòn, men paske sa ekriven yo ekri, kit an fransè, kit ann ayisyen, eksprime, anrichi e ankouraje yon ideyalite pou avansman èt imen, men pa yon dekorasyon ouswa divètisman pou tiboujwa an mal de plezi, de fantezi, de evazyon. Anpil nan yo bezwen evazyon dotanplis travay ak zak yomenm yo koze patisipe nan yon mond ki fin toupizi, fraktire, *apatedize,* jiska kreye yon gwo linivè malsite ak atwosite, ke y'ap chache evade.

Yon vrè bilengwism ayisyen ap revizite teren orijinal la e wè ki lòt plant ki ka plante. Politik lang patisipe nan politik jeneral pou pèvètize lavi, pou kreye atifisyèlman lelit dominan k ap souse zo lòt moun, pou anpeche vwazen pa gen menm dwa. Sa Jak Roumen, Jak Estefèn Aleksi, Rene Depès oubyen Jan Metelis ekri deja fè pati literati konsyantizasyon mondyal la, e yo fè bèlte peyi d Ayiti. Men sa nou pa dakò, se kote yo ponpe e monte yon sèten literati, alòske yo te iyore, neglije, vwamenm nan sèten ka eskli, literati lang pèp la — sa a se yon bagay ki pa aseptab. Se sitiyasyon sa a ki bezwen chanjman jodia ann Ayiti.

Nòt

1. Tcheke Leslie Péan : « *Marasme économique, transmission des savoirs et langues* » nan nimewo *Tanbou* edisyon ete 2014 oubyen nan AlterPresse : http://www.alterpresse.org/spip. php?article14682

2. Tradiksyon pa n de fransè.

3. Tcheke Michel Foucault, *Les mots et les choses*, Edisyon Gallimard, 1966.

Ayiti Demen

Lè kanmarad Hugues Saint-Fort te envite m vin patisipe nan « pwojè yon liv kolektif an kreyòl » limenm ak Jean Refusé t ap prepare sou tranblemanntè a, mwen wè li ta pi bon pou m reponn a envitasyon an pa yon detou nan literati. Li rive ke m t ap li pandan envitasyon an vini an dènye liv Edwidge Danticat a, *Create Dangerously/Kreye nan danje*. Donk mwen deside ekri yon esè k ap kouvri alafwa yon kritik sou *Create Dangerously* ak yon voyeje sou goudougoudou. Poukisa mwen chwazi Danticat ak liv sila li a ? Toudabò paske Danticat senbolize—pou lebyen oubyen pou lemal—, sa ki bon ak sa ki pa bon nan sosyete ayisyen an.

Epitou, paske liv la kondanse nan paj li yo anpil kategori ak fasad pwoblematik kritik ayisyen an : legzil, laglwa, lamizè, babari, represyon sanginè, dominasyon etranje, andirans, rezistans, elatriye.

Pou sa ki pa bon ann Ayiti yo, yon ekzanp se lefètke Edwidge Danticat, kouwè yon dal lòt Ayisyen, te sètoblije kite peyi danfans li alaj douz zan pou l emigre nan Etazini. Yon movèz pas anpil Ayisyen asepte avèk konviksyon lavi yo ap vin pi bon. Pou ekzanp sa ki bon an limenm, sèke ED vin fè lonè Ayiti pou lefètke l ekri youn nan zèv roman ak memwa ki pi remakad yo nan literati mondyal tan koulyea.

Create Dangerously/Kreye nan danje se yon chedèv, yon chelèn literè ki sot anba men yon ekriven ki rive nan matirite majesteryèl li. Mwen li pratikman tout zèv Danticat pibliye ann anglè depi *The Farming of Bones / Travay tè pou zo* (1998). Mwen renmen anpil roman sa a, ke m konsidere kou yon michan travay literè premye ran, sitou fason maton manmzèl manye lang anglè a e fè yon istwa masak ak malsite vin tounen yon istwa damou ak andirans e lwayote memoryèl. Mwen renmen tou fason Danticat rekreye yon anbyans istorik e emosyonèl nan epòk fen ane 1930 yo nan chan kann nan Dominikani pami koupèkann ayisyen yo, mechanste sistèm batey a, jenosid pa sanginè/sèvitè diktati Trujillo yo, solidarite ak imanite pami vyeyo/koupèkann yo.

Tout lòt zèv Danticat ki swiv premye liv li *Krik ! Krak !* (1996) ak *The Farming of Bones*, kontinye leve drapo elegans travay li (menmsi gen kèk nan yo ki gen plis awè avèk *marketing* yon etikèt « Danticat » ke avèk yon ekzijans literè). Toudmenm, jefò pou kreye kalite layite nètalkole nan dènye zèv manmzèl la.

Create Dangerously/Kreye nan danje anbazèle yon seri de ti tèks kout ki se alafwa esè, tikont ak memwa. Anpil ladan yo trè touchan, kouwè chapit li ekri sou Alerte Bélance la « I speak out / M'ap pale nèt », yon senpatizan Lavalas asasen FRAPH yo te maspinen ak kout manchèt e jete pou mò nan Titanyen ann oktòb 1993. Nonsèlman Alerte Bélance siviv, men li jwenn fòs pou l'al Ozetazini e denonse e rele nan lajistis reskonsab atak la nan emisyon Phil Donahue Show nan televizyon. Nan yon entèvyou avèk Beverly Bell, manmzèl Bélance di pou l rezime eksperyans malouk la : « Twa mwa apre m te reveye nan lanmò nan Titanyen, mwen te sou de pye militè mwen. Mwen vwayaje nan Etazini pou m eseye konbat mizè Ayiti ak mizè pèp ayisyen an. Mwen pale sou sò fi bann sanginè semè lanmò yo te vyole, timoun nan krèch yo t ap vyole ; m'al nan televizyon ak nan radyo, mwen pale ak kongrèsmann meriken, ak jounalis, ak aktivis pou dwa moun. Mwen pale nan manifestasyon, nan konferans deprès, nan legliz, nan odisyon nan Kongrè [meriken] pou m di : "Men. Men sa mwen te soufri". »

Danticat kite Alerte Bélance pale avèk pwòp vwa li nan tèks la e rann omaj ak rezilyans kouraj manmzèl : « Temwayaj li a te yon michan kado pou anpil lòt yo ki te toujou ap chache ret anvi, e pou pliske uit mil lòt ki te mouri anba men gouvènman jent la. »

Alerte Bélance te pèsonize rezistans yon pèp ke fòs sanginè jent militè a ak eskadwon lanmò FRAPH yo, ansanm ak alye yo aletranje, pa t ka elimine malgre tout brimad, kraze-zo ak masak.

De ekzekisyon Douin ak Numa a Goudougoudou

Nan yon chapit nan liv la Danticat titre « Acheiropoietos », li pale de ekzekisyon Louis Drouin ak Marcel Numa jounen

12 novanm 1964 devan papòt simityè Pòtoprens lan, men yo mare dèyè do yo ki plase kont fasad nòdwès miray la. Ou santi enpak emosyonèl pwofon istwa a te genyen sou otè a : « Pèsonn pa t absoliman sèten jodia ki kote ekzatteman yo te antere Numa ak Drouin (...) Daprè imaj mwen wè de ekzekisyon an, lè m'ap mache nan koridò sere ki bay ant mozole a ak tonb yo mwen chache imajine plasman kadav yo. »

Mwenmenm tou, menmlè mwen gen yon bon kantite diferans daj avèk Danticat, mwen toujou santi fòs emosyon kolè ekzekisyon Drouin ak Numa a te koze nan kè mwen. Kouwè li mwen santi m ante pa memwa zak sa a, ki te twouble m anpil lè m te jèn tigason nan klas elemantè.

Krim sa a jwe yon wòl santral nan asenal represyon rejim divalyeris la paske li montre piblikman, nan zye lemonn ak monnonk nan zòn Nò (pou ki konba kont kominis te pi enpòtan ke konba kont sanginè makout), ke l kanpe pou l fè tout sa ki nesesè pou pèmanansyalizasyon rejim li an, ke l te kanpe pou l fè kontra avèk tout fòs dimal ak malfeksite pou li kenbe lennmi ak tout pèsepsyon lennmitaj andeyò teritwa nasyonal la.

Ekzekisyon Drouin ak Numa—ansanm avèk asasina Jacques Stephen Alexis, frè Daumec yo (Lucien, Dato, Frantz-Marcel), elatriye, anvan sa—te sitou yon mizangad pou tout moun pran gad yo. Asosyasyon simityè, ploton ekzekisyon, dènye sakreman pa yon monpè katolik, zamafe, lanmò sèten, elatriye, vin kreye yon fòs senbolik ekstraòdinè ki bay rejim sanginè a yon ora, yon aspè relijye pou lemal, yon konplisite total avèk alafwa Bondye, Lisifè e Rezon Absoli Leta.

Apre ekzekisyon an, lè m'ap pase bò simityè a mwen toujou voye zye m bò kote nan miray deyò simityè a, sou pwent nòdwès la, kote ou wè yon dal twou anpil boulèt ploton ekzekisyon te kreye. Mwen toujou reimajine posti militan de sitwayen kouraje sila yo ke ni menas ni menm apwòch lanmò pa Pada Dòk pa t debranle yo nan konviksyon peyi a te anba men malfektè, ke yo mande pou pèp la vin dekwape yo.

Depasman ekzekisyon Drouin ak Numa egal depasman yon estad babarik, yon estad antwopofajik nan politik ayisyen ki vin kontinye avèk masak nan Casale an 1969, ak nan Jean-Rabèl an 1987.

Li enteresan pou remake ke se te menm jan an gouvènman Nord Alexis a te fè ekzekite Massillon Coicou ak de frè l yo Pierre-Louis e Horace Coicou, ansanm avèk sis lòt patriyòt, nan lannwit 14–15 mas 1908. Toulède ekzekisyon sa yo, a 56 ane de distans, te rive devan miray simityè Pòtoprens la. Men lè pa Divalye a te fèt nan mitan jounen, devan yon popilas pou temwen, avèk maksimòm piblisite pou degaje maksimòm efè pwopagann kont tout rezistans, pa Nò Aleksi a limenm te fèt nan mitan lannwit lè tout moun t ap dòmi.

Siyifikasyon literati ak memwa istorik

Kouwè Frank Larak ki pa kwè ou ka dekole ekonomi, politik ak literati, mwen toujou kwè lavi ak literati se yon sèl. Pwezi m se ekspresyon sa mwen santi, sa mwen espere, sa mwen ta renmen, sa ki endiye m nan egzistans lavi reyèl mwen. Jan-Jak Rouso, Jan-Pòl Sartr, Jak Roumen te premye enterè entelektyèl mwen. Ankenn nan yo pa t aseptab nan kirikilòm etid asepsab pou rejim divalyeris la. Se anba manch chemiz (oubyen preske anba manch chemiz) nou te konn pase youn bay lòt zèv mesye sa yo ak anpil lòt otè rejim lan te konsidere kou « sibvèsif ».

Nan tèks mwen « Ayiti kou yon pwojè imen inivèsel » mwen pale de faktè istorik, jeopolitik ak ekonomik yo ki fè Ayiti pov, pipatikilyèman sabotaj de tout sòt ak eskokri (kouwè pa egzanp dèt endemnite Lafrans enpoze sou Ayiti apre endepandans la) ki konbinen pou izole Ayiti e kenbe li tankou yon anti-modèl pou lòt pèp ki ta vle libere tèt yo.

Sa m fè m plezi wè kouman analiz Antonio Negri ak Michael Hardt fè nan liv yo an *Commonwealth* ranfòse sa mwen di nan tèks pa m lan. An n site an gwo sa yo di : « Revolisyon ayisyen an, aprè tou (…) pi fidèl anvè ideyoloji repiblikèn lan ke Revolisyon anglè, etazinyen oubyen fransè a, omwen nan nan yon aspè santral : si tout moun te kreye egal e lib, sa vle di sètènman ankenn moun pa ka esklav. Poutan Ayiti parèt raman nan rakontay istorik yo sou Laj Revolisyon an. Mach pwosesis Revolisyon ayisyen an chaje avèk fòs kontradiktwa, touni trajik ak rezilta ki vin dezas, men sa pa chanje lefèt ke l rete, malgre tou, premye revolisyon modèn. Men lè n di sa a se paske nou defini repiblik ak modènite selon pwòp definisyon ideyolojik yo bay tèt yo, pa selon sibstans materyèl ak enstitisyonèl yo, tandiske Revolisyon ayisyen an elaji repiblik la men trayi modènite a. Libere esklav vyole règ pwopyete ansanm al lalwa kont divizyon rasyal (kouwè Atik 14 Konstitisyon Ayisyen 1805 fè a, ki deklare tout Ayisyen nwa kèlkeswa koulè po yo), ki devalye yerachi rasyal enstitisyonalize yo. Petèt li pa siprenan ke vas majorite repibliken ewopeyen ak nò-ameriken nan epòk la (e nan epòk pa n lan) konsidere Revolisyon ayisyen an tankou yon evennman enpasab.» (*Commonwealth*, Negri e Hardt, Harvard University Press, 2009).

Liv sa a se twazyèm pati yon triloji otè sa yo koumanse avèk premye zèv majistral yo, *Empire* (2000), ki suiv pa *Mutltitude* (2004). Asosyasyon de otè sa yo parèt yon tijan dwòl okòmansman : Negri te nan prizon ann Itali pou akizasyon krim teroris, tandiske Hardt te yon pwofesè inivèsite etazinyen. *Empire* se yon zèv ki analize globalism e Nouvèl Òd Entènasyonal la selon yon pèspektiv neo-marxis. Teyori esansyèl li avanse sèke mekanism kontwòl e rejenerasyon sistèm kapitalis la vin kreye yon epistemoloji fonksyonèl global ki opere pa pwòp lojik (oubyen absans lojik) pa li, men ki repwodui menm rapò de dominasyon ak kontwòl sistèm kapitalis tradisyonèl la. *Empire* se fo sans nesesite istorik, vwamenm « natirèl » nouvo rapò de dominasyon kapitalis yo vle pase kòmsi pa ta gen yon altènatif sèr ye pou ranplase yo.

Dezyèm zèv triloji a, *Multitude*, redefini, oubyen pi presizeman, retounen nan definisyon orijinal praksis bio-politik ak rasanbleman kominal mas yo. Tèz Negri ak Hardt sou rasanbleman miltitid yo vin pran fòm materyèl nan mouvman « Occupy Wall Street » la ki pran pye Ozetazini ak Ewòp nan ete 2011 lan. Potansyèl revolisyonè yon miltitid genyen sil deside yon zaksyon kominal an mas pou l fòmile demand li e atikile, prezante yon altènativ liberasyon, se yon bagay fenomenal listwa layite depi dèmilye zane jiska tan modèn yo. Zaksyon

Espatakis la an 72–73 Epòk Anvan-Jezikri ; zaksyon revolisyenè La Komin Pari yo an 1789 ak 1871, oubyen pa revòlte Sen Domeng yo an 1791, oubyen revolisyon sovyetik LaRusi an 1917, rive nan « Prentan Arab » yo an 2011, se otan de zaksyon miltitid ki montre pètinans mouvman pwotestasyon de mas yo.

Mouvman kontestasyon « Prentan Arab » la rive jete anpil gouvènman krazezo totalitè nan Mwayenn-Oryan, e li kenbe demand pou lavi miyò a jiska jounen jodia. Malerezman, mouvman an vin pèdi lejitimite li lè OTAN, sou kouvèti legal ONI, entèveni nan kriz Libi a. Kouwè ann Ejip, premye reflèks rejim Kolonèl Kadafi a sete represyon sovay kont mouvman kontestasyon an. Sepandan, kote pwisans oksidantal yo, Etazini an tèt, te kenbe kò yo pou yo pa entèvni ann Ejip, yo pa t bay tèt yo ankenn retni pou yo entèvni an Libi. Diferans la natirèlman se paske Libi genyen anpil petwòl. Lè ou wè inisyativ entèvansyon soti de Lafrans ak Angletè (de peyi kolonyalis ki gen bon rapò komèsyal avèk Kolonèl Kadafi, men ki wè avantaj yo ka tire nan yon alyans avèk mouvman pwotestasyon pèp libyen an, ke yomenm ede òganize e radikalize), ou ka wè gen yon bagay malouk nan tip de « entèvansyon imanitè » sila yo.

Kou nou wè ankò yon fwa nan kriz libyen an, pwisans peyi Lwès yo, Etazini an tèt, toujou chache manipile lit pèp yo anfavè enterè pa yo. Se konsa yo pretann yo alye avèk lit demokratik pèp libyen an pou yo ka kontwole min petwòl libyen yo anfavè konpayi petwòl transnasyonal yo.

Si ou tande e kwè bèl jistifikasyon « imanitè » sila yo, sonje ke menm fòmil sa yo te itilize pou tiye Allende, bòykote Castro e ranvèse Aristid ak Sadam Hussein oubyen pou deklare lagè « entansite ba » kont Sandinis yo an Nikaragua, oubyen ankò pou anvayi Afganistan kote, sou pretèks pou yo vanje atak 11-Septanm 2001 yo, Etazini lanse yon lagè destriktif ki ap kontinye jouk jounen jodia (septanm 2014).

Se ki fè sa pli trajik e pi tris lè nou wè nou pa ka rele pou « entèvansyon imanitè » nan masak pèp siryen an pa fòs sanginè rejim Assad la lè nou konnen peyi entèvenan e entèvansyonis yo gen pwòp ajannda enperyalis pa yo k ap vin odetriman pèp siryen an.

Flanbo lanmò ki ante memwa

Atravè tout liv la Danticat blayi flanbo lanmò plizyè defen memorab ki ante memwa ayisyen, anpil ladan yo konekte ak toutpwisans diktati Divalye yo : Drouin ak Numa, wi, epitou Marie Chauvet, Jean Dominique, kouzen Danticat a, Maxo. Chapit sou Jean Dominique la montre grann admirasyon Danticat genyen pou jounalis angaje sila a, yon nonm li di anpil Ayisyen te vin konsidere kòm « ewoyikman envensib » akoz ke l te siviv diktati divalyeris yo (pwòp frè li, Philippe Dominique, te peri nan defèt atak kont Kasèn Desalin lan an 1958). Se byen iwonik ke se sou gouvènman Aristid la yo asasinen Jean Dominique lè w konnen li pase tout vi li ap travay pou yon rejim demokratik ann Ayiti (ke l te espere Aristid te reprezante e ke l pa t pran lontan pou l te vin detwonpe l). Kouwè Danticat di : « Sa ki parèt enkwayab e memorab sou diskisyon osijè Jean Dominique nan moman lanmò li se pasyon eksepsyonèl li genyen pou Ayiti e kouman pasyon sa a vin finalman trayi li.»

Pitit fi memwa yo : Ayiti ann amou, an kolè e an foli

Kouwè Jean Dominique nan domèn jounalism, Marie Vieux-Chauvet se yon kokennchenn potomitan nan domèn literati, espesyalman nan perestil liberasyon Ayiti. Li kouri kite Ayiti an 1968 nan vag represyon papadokyen kont tout nanm vivan ki pa t vann konsyans yo. Zèv prensipal li, *Amour, colère, folie,* yon roman, penn avèk klèvwayans yon moun dwe inivè sanginè papadokyen an. Li ekri pita yon lòt roman, *Les Rapaces,* ki pale de Ayiti li sonje a, sètadi nan òbit papadokyen ak nan malvi tropikal komedyen ki pa p jwe lakomedi.

Marie Vieux-Chauvet estope tout sikilasyon *Amour, colère, folie,* lè li reyalize lavi tout fanmi l ann Ayiti te an danje. Li achte tout rès kantite liv la ki te deja an sikilasyon nan libreri oubyen tout lòt kote, e detwi yo. Li mouri de kansè sèvo ann egzil Ozetazini nan ane 1973. Danticat di de li nan fen chapit la : « Mwenmenm tou mwen ta renmen asire m Marie Vieux-Chauvet mouri apeze ke l te ekri, tankou sè li k ap viv, romansyèz/memwaris Jan J. Dominique, avèk pasyon, san laperèz, danjerezman, liv sa yo li ekri yo. Plis m'ap ekri mwenmenm se plis mwen sèten ke l te fè sa. »

Li pa difisil pou konprann poukisa Danticat renmen Marie Vieux-Chauvet. Istwa MVC relate yo vle fè sikile yon istwa ki poko konnen oubyen pèsonn pa vle rekonèt. Se yon demach ewoyik ki enpresyone lespri yon ekriven ayisyen ann egzil ki raple l pwòp troma separasyon pa li alaj douz zan, san konte lòt movèz memwa li ka reprime. Edwidge Danticat, li, ekri istwa ki deja konnen men tout moun vle bliye, men kouwè Marie Vieux-Chauvet li ekri pou memwa anrejistre yon istwa ki pa t dwe revele, ouswa ou ka revele avèk risk e peril, danjerezman.

Mwen pèsonèlman kontan wè Danticat pale sou Marie Chauvet nan memwa li. Sa ki distenge Danticat de anpil lòt ekriven nan nenpòt lang e nan Dyaspora a, se sousi li montre pou konsèvasyon memwa, konsèvasyon listwa, konsèvasyon anpirism epòk la.

Nan menm chapit « Daughters of Memory » a, kote li pale de MVC a, Danticat deplore lefètke lekòl yo te konn fè l memorize leson sou kat sezon Ewopeyen yo te ofisyalize yo—prentan, ete, otònn e ivè—, san ke yo pa t « rekonèt sezon sèch yo ouswa sezon lapli, oubyen tou sezon siklòn yo ki toutalantou nou ». Li apresye lefètke nou pa di, kouwè elèv lekòl nan ansyen koloni fransè ann Afrik yo « *nos ancêtres, les Gaulois* ». Tant mieux ! Men boukinizasyon kolonizatè te ranplase pa boukinizasyon diktatè tontonmakoutik : « Men te toujou gen kèk efasman ki te nesesè, youn ladan yo se lefètke, akoz diktati a ak baboukèt brital li yo, mwen pa konn ankenn timoun ki te li yon roman pa yon otè ki ne Ayisyen. »

Men malerezman, kouwè René Depestre ki, nan *Encore une mer à traverser*, te twouve konsolasyon nan kout rigwaz yon pè Breton rasis paske li te satisfè swaf li pou gran klasik fransè yo, Danticat sanble jwenn konsolasyon nan enpozisyon kilti fransè a nan lekòl difèt ke l te renmen Miss Roy, yon pwofesè ki renmen di « *comme a dit l'autre* » anvan l site Voltaire, Racine, Baudelaire, zèv ki pwofesè a di timoun yo dwe ekspoze ak yo pou yo ka vin konplètman « sivilize ». Danticat dit : « Mwen vin pita yon diplome literati fransè nan inivèsite akoz mwen te sekrètman adore manmzèl. » Se byen domaj Danticat pase si vit, e san ankenn espri kritik, sou metodoloji ak kirikilòm bòne Miss Roy a, e sou yon pwoblematik ki si enpòtan nan kriz ayisyen an.

Yon lòt romansyèz Danticat pale de li nan liv sa a, se Jan J. Dominique, pitit fi Jean Dominique. Manmzèl se otè roman *Mémoire d'une amnésiaque*, yon « tit ak paradòks » Danticat di li renmen : « Kouman yon amnezyak, yon moun ki pèdi memwa, memorize ? » Men tit la se yon simagri, yon taktik mawonnay paske Jan Dominique sonje plis ke l fè panse l bliye. Lejann tontonmakout la fasine l, yon tonton mechan ki pran timoun devègonde, mete yo nan dyakout oubyen makout li e yo disparèt pou jamè. Mwen pa li roman J.J. Dominique la, men sa mwen wè nan rezime Danticat a, se yon deplorasyon okipasyon meriken an ki koumanse jounen 15 jiyè 1915 la ; Jan Dominique refere l avè l kou « bòt » yo. Danticat repòte ke nan tan okipasyon an 15.000 Ayisyen pèdi lavi yo ; li site W.E.B. Dubois ki di « Etazinyen nan lagè avèk Ayiti » nan yon rapò yon misyon k ap rechèche fè veridik. Dubois kontinye : « Kongrè pa t janm otorize lagè a. Josephus Daniels [sekretè gadkòt prezidan Woodrow Wilson] te ilegalman e enjisteman okipe yon peyi etranje lib e masakre abitan peyi a pa dè milye. »

Guernica pa nou an

Dènye chapit liv la, titre « Our Guernica / Guernica pa n lan » kouvri jan non an sigjere a gran boulvèsman tranblemanntè a, ke pèp la bay tinon jwèt goudougoudou. Referans a Guernica a, vil fòs avyasyon lame Jeneral Franko ansanm ak avyon Lufhtanza nazi alman te bonbade e detwi diran lagè sivil espayòl la (1936–1939), endike byennantandi kokennchenn destriksyon tranblemanntè a koze, alekzanp zaksyon fachis dekonstonbray ki ede siprime revolisyon sosyalis espayòl la. Èske Danticat vle sigjere ke goudougoudou se yon mons Ayisyen te kreye e reskonsab ? Antouka, menmsi l pa di li, ou ka rezime Danticat pa lwen pou l panse konsa, menm jan li pa lwen pou l rann Etazini reskonsab de lanmò kouzen li, Maxo, ke Homeland Security te refize petisyon pou l ret Ozetazini. Se menm Homeland Security sa a ki te kenbe tonton Danticat, Joseph, nan prizon nan Miyami an 2004, kote li mouri pa mank tretman (yo refize ba l swen medikal pou sentòm kansè nan gòj paske yo panse se simagri li t ap fè).

Jounen 12 janvye 2010, kat etaj kay tonbe sou Maxo ; malgre jefò fanmi, zanmi, etranje ki t ap fouye nan debri yo, se kèlke jou apre yo jwenn kadav Maxo. Lektè Danticat yo ka raple yo ke Maxo te avèk tonton li Joseph lè imigrasyon te estope l nan ayewopò Miyami e jete yo toulède nan yon kan detansyon ki se yon vrè kan konsantrasyon. Yo pa t menm gen lapenn pou li pou lanmò tonton li nan yon sitiyasyon si lamantab paske yo vòltije l retounen ann Ayiti pa lontan apre.

Lektè yo ka sonje tou ke se menm monnonk Danticat sa a li te ekri tout yon liv sou li pou onore memwa li *(Brother, I'm Dying)* kote li pale de pakèt tribilasyon misye sibi o Zetazini. Se byen iwonik ke tonton Joseph te konsidere pa militan katye Bèlè yo kou yon kolaboratè MINUSTAH-CIMO ki t ap fui jistis yo, kouwè pèsonaj woman Danticat a *The Dew Breaker [Brizè Lawouze]*, ki te yon ansyen tonton makout ki t ap fui lajistis eke moun ki t ap narate istwa a, Ka, te pwòp pitit li. Natirèlman, vrè oswa fo, sa pa jistifye nilman trètman inimen imigrasyon etazinyen te fè l sibi a[1].

Eksperyans sa a, san konte eksperyans orijinal legzil, emigrasyon, san konte eksperyans antanke fanm nwa nan Establishment entelektyèl etazinyen an, san konte tou, jeneralman, eksperyans alterite, eksperyans antanke zòt nan milye etranje depi laj sansib de douz zan, se otan de kominalite de kondisyon ak destine ki fè Danticat rete yon ekriven ayisyen ak ma esans natifnatal menmsi li ekri plis e prensipalman ann anglè. Sila yo ki li liv la ann anglè ka apresye ekriti matonik manmzèl deplwaye nan yon lang li aprann apre li te deja fòme.

Peripesi tonton Joseph

Se nan resi otobiyografik, *Brother, I'm Dying [Frè mwen, m ap mouri]*, ke Danticat layite peripesi tonton li nan men Sèvis imigrasyon etazinyen ; li itilize eksperyans penib tonton l lan pou l denonse inimanite sistèm lan, ekspoze li devan zye lemond antye pou yo ka wè li ann aksyon nan eksperyans anpirik yon vyeya 81 ane, ki anplis fèb e malad. Joseph Dantica (san «t»), kouwè Edwidge Danticat rakonte, te yon nonm byen sofistike ; li te yon fiyolis pasyone nan jenès li ki te tris e desi ke se te François Duvalier ki te genyen eleksyon prezidansyèl 1957 la.

An desanm 1990 li sipòte Aristid e li te endiye de koudeta ki te ranvèse Aristid sèt mwa apre a ansanm ak represyon Lavalasyen yo ki swiv la : « Rezidan Bèlè yo, Edwidge Danticat ekri, rete inebranlab nan demann yo pou misye retounen nan pouvwa anba kout pwotestasyon ak manifestasyon. Pa reprezay, lame fè desandelye, boule e touye plizyè santèn vwazen tonton mwen yo. ». Men Joseph Dantica rete lwen politik, li evite al nan manifestasyon e tout lòt aktivite politik ogranjou, « men, Danticat kontinye, misye leve chak maten pou l al konte pakèt kadav ki blayi nan kwen lari ak koridò Bèlè yo. Pandan ane li te pèdi vwa li yo, li devlope yon abitid pou l al pran nòt pou resanse kadav nan yon ti kanè li plase nan pòch vès li (...) Jonas, pt. 20 tan, men dwat absan 11:35 AM / Gladys, pt. 35 kan, toutouni, 3:09 PM / Samuel, 75 zan, chany, 5:42 PM / Mal enkoni, pt. 25 kan, vizaj rache, 9:17 PM »[2].

A yon sèten moman Joseph Dantica deside vin pastè e enstale legliz li sou Bèlè, sèvi kominote li avèk plezi e devouman. Jou dimanch 24 oktòb 2004, sipozeman an repons ak aktivite tibilans gwoup rezistan katye yo, ke moun rele pejorativman « bandi », « chimè » oswa « lavalasyen » yo, fòs konbine MINUSTAH ak CIMO/CIVPOL fè yon desandelye sou Bèlè e masakre yon bon kantite moun, majorite ladan yo viktim kolateral lafirè regilatris fòs entèvansyon yo[3].

Joseph Dantica te blije kite Ayiti nan kouri paske rezistan anti-gouvènman nan katye yo t ap pouswiv li pou akizasyon konplisite avèk fòs okipasyon MINUSTAH ak CIMO/CIVPOL yo, ki se fòs represyon gouvènman ilejitim Gérard Latortue ak Boniface Alexandre la, yon gouvènman, n ap raple nou, peyi Etazini, Lafrans ak opozisyon anti-Aristid la te enpoze sou Ayiti apre dezyèm koudeta kont Aristid la an fevriye 2004. « Chimè » yo oswa rezistan anti-gouvènman nan katye yo, gwoup politik enfòmèl ki jeneralman sipòte Aristid, te rann

Joseph responsab de masak desandelye a te koze paske fòs MINUSTAH/CIMO yo te itilize do fetay kay Joseph pou yo vize e tire sou gwoupman militan katye yo ki te pozisyone nan mitan popilasyon an. Joseph ensiste li pa t gen okenn chwa paske li pa t an mezi pou l refize demann fòs MINUSTAH/CIMO yo pou yo itilize anlè do lakay li a. 300 twoup nan posti lagè te patisipe nan desandelye a, Danticat site yon pòtpawòl yon inite MINUSTAH ki te felisite tèt li de siksè desandelye a e ki di tip de operasyon sa yo te yon sòt « baleyaj fizik lari yo (…) pou sa ka ede nou fè zòn lan retounen nan trafik nòmal, antouka otan nòmal li ta ka ye pou moun sa yo ».

Poukisa nan tout longè resi li fè de operasyon an Danticat rele rezidan katye yo ki t ap reziste nòmalizasyon rejim ilejitim lan ak abi MINUSTAH yo kou « gang », « dread », « chimè » ? Mwen trè familye ak deziyasyon sa yo ki jeneralman soti de moun ki wè moun yo rele konsa a kou menas pou lòd politik yo vle enpoze a. Nwe dwe pridan nan itilizasyon tèm opresè ak klas dirijan yo kreye pou idantifye e defini moun sa yo menm ki viktim yo e ki ap reziste dominasyon yo, patikilyèman kou nou wè nan izaj mo kou « chimè », « bandi », « lavalasyen », « dread », « gang », elatriye, nan rejis mòfolojiko-politik klas sosyal ak aktè politik ki an sitiyasyon ann Ayiti yo. Yon « chimè » pou yon gwo boujwa k ap viv sou mòn Fisi ka yon defansè dwa politik dezerite pou yon moun k ap viv nan Lasalin, sou Bèlè oswa nan Site Solèy.

Efektivman, sa ki manke nan liv *Brother, I'm Dying* lan—ki se defo anpil zèv otobiyografik—, se yon analiz pi konplèks sou fòs sosyal, politik e jewopolitik yo ki te ann aksyon nan eksperyans lapenn tonton Danticat a ak fanmi li sou Bèlè, yon analiz ki t ap ede otè a wè ke rezidan sou Bèlè yo, san retire swadizan « chimè » yo, te viktim tou. Erezman, malgre ke l itilize tèm sa yo, Danticat pa janm pèdi sans pèspektiv sou pwotagonis ki te an sitiyasyon yo. Lè l dekri sèn kan twoup MINUSTAH-CIMO yo anvayi legliz monnonk li a e vle konnen kiyès nan mitan manm an perèz yo ki te « chimè », manmzèl ekri : « Yo te kapab chimè, gangstè, bandi, asasen, men se posib yo te moun òdinè ki t ap chache ret anvi. »

Ojis, masak 24 oktòb 2004 la pa t sèl masak nan ane sa a ni nan ane apre a, 2005, kote otorite nouvo pouvwa yo te redoute reyaksyon rezidan milye popilè yo kont kout fòs anti-Aristid 29 fevriye ane anvan an. Masak sa a te fè pati de yon politik « boule latè » adopte pa MINUSTAH ak Lapolis Nasyonal d Ayiti pou eradike tout rezistans kont sitiyasyon politik abitrè ki te la a. Yon lane apre desandelye nan Bèlè a, presizeman jou 6 jiyè 2005, 350 twoup MINUSTAH ak fòs espesyal Lapolis Nasyonal yo fonse sou Site Solèy pou swadizan fè kaba vyolans nan zòn lan. Objektif aparan desandelye sa a se te pou asasinen youn nan lidè lavalasyen nan katye a, Emmanuel Wilmer ki te gen ti non « Dread ».

Plizyè milye moun pèdi lavi yo pandan ane 2004–2006 yo pandan desandelye repete fòs MINUSTAH-CIMO yo. Nan yon atik li pibliye sou blòg edisyon Verso ann ete 2018 « Repression and Resistance in Haiti, 2004–2006 », Peter Hallward reegzamine avèk anpil detay peryòd san sa a nan politik pwisans ann Ayiti. Apre l fè yon resansman detaye de tout kantite krim kont popilasyon milye popilè yo fòs konbine MINUSTAH-CIMO yo te komèt, li antisipe sa k t ap pral rive apre : « Nan moman ONI lanse lòt seri atak militè kont Site Solèy yo an desanm 2006, efò konstan lelit yo pou yo asosye rezistans politik rezidyèl moun yo ak kriminalite tou pi e tou senp, te vin pote anpil fui. Se a tèm kout, sepandan, paske ofansiv 6 jiyè a vin revele l kou yon viktwa Pyrrhus pou gouvènman Latortue a. Rezistans Dread la te oblije IGH/ONI maspinen moun yo ak yon nivo vyolans ke menm medya ki te pi endepandan nan lemond yo pa t ka kache. Dè milye rezidan Site Solèy te al nan antèman Dread, ki vin rapidman tounen mati ki pi selèb nan katye a.[4] »

An brèf, se te yon epòk lagè ouvè pa MINUSTAH ak fòs polis represif nasyonal yo kont katye popilè yo ak eleman militan zòn lan ki t ap reziste yo. Nan kondisyon sa yo, nou ka konprann konbyen rechofe santiman moun te ye e kouman viktim yo te kapab wè tout siy « kolizyon » avèk lennmi yo—vrè oswa fo—kou yon kondanasyon amò.

Avrèdi, yon zèv otobiyografik se toujou reflè yon pèspektiv sibjektif reyalite. Antanke trajedi istorik otè a te viv kou yon dram familyal, alafwa resi tribilasyon tonton li an e masak sivil koze pa fòs konbine MINUSTAH/CIMO yo pa t ka wè otreman ke pa griy pèspektiv sa a, yon bagay yon moun ka konprann etandone twomatism fanmi an te soufwi. De plis, teworizasyon fanmi an pa militan katye yo, dyayostik kansè gòj tonton li an, touman yo misye sibi anba men Sèvis imigrasyon Etazini, lanmò li, anfen, tout sa se otan de eksperyans penib yon moun ka senpatize ak otè a dotanplis ke manmzèl fè de yo yon bijou literè.

Ayiti demen

Youn nan eleman prensipal nan pwojè liv la, se kesyon ki sa ki fèt pou rekonstui Ayiti apre tranblemanntè a. *Create Dangerously* pa bay ankenn repons ak kesyon an, paske senpman se pa t objektif li te bay tèt li. Danticat te pi enterese, devan gran trajedi tranblemanntè a, montre pwoblematik la (tradisyon vyolans anti-pèp, kontwòl enperyalis, sistèm sosyopolitik malouk) e eksprime yon endiyasyon. Men li klè li souwete bagay yo ta miyò e yon avni pi imanize pou Ayiti.

Depi re-entèvansyon Etazini ak Lafrans nan zafè politik Ayiti an fevriye 2004 la (sou pretèks pou evite yon bendesan ant ofansiv militè pa opozisyon an kont fòs defans gouvènman Aristid la), peyi a ap degrenngole nan dejenerasyon. Se vre ke depi sou dezyèm mwatye rejim Pòl Ejèn Maglwa a, rive sou rejim Divalye a, e akoz de pratik tiranik, otokratik, dirijan yo, destriksyon enstitisyonèl peyi a te kòmanse. Entèvansyon Etazini-Lafrans la, plis tranblemanntè 12 janvye 2010 la, vin rann yon sitiyasyon ki te deja depatyaw senkant fwa pi malouk.

Devan fayit Leta ayisyen fas ak responsablite li, kou nou te wè nan inaksyon gouvènman Preval la devan katastwòf goudougoudou a ; devan grandisman kontwòl etranje sou zafè Ayiti, kou nou wè nan wòl santral CIRH la jwe nan manipilasyon sistèm elektoral ayisyen an jiska vin fè eli yon atis vizyonè, ilimine kouwè Neron, kou prezidan. Se vre yon bon pati nan pèp la te ede fè Michel Martelly genyen eleksyon an ; se vre tou li bay yon diskou ki ale nan sans moun yo. Men se bliye mirak teknolojik ak teknik elektoral dènye kri yo ka fè, selon imajri popilè a, yo ka fè yon kochon santi bon. Apre prè twa zan opouvwa, li klè ke pwoblèm prezidans Martelly a, sèke li panse li ka *out smart*, woule tout moun.

Li itilize swadizan rekonsilyasyon nasyonal pou li reyabilite Jan-Klod Divalye san tenikont de sansiblite viktim rejim sanginè malouk papa l ak limenm te blayi sou Ayiti. Wi, nou tout dwe pou rekonsilyasyon nasyonal, enimite ak destriksyon mityèl youn kont lòt, se potorik pratik ki kontribye nan okipasyon Nasyonzini, sètadi esansyèlman okipasyon merikano-franko-kanado-anglo, peyi d Ayiti.

Sepandan, pa ka gen yon vrè rekonsilyasyon nasyonal san jistis pou viktim yo, san rekonesans pa koupab oubyen pèpetrè yo zak mechanste yo te komèt kont viktim yo oubyen kont moun an jeneral. Si pa gen jistis, pa ka gen rekonsilyasyon.

Konklizyon

Nou fè detou sila a senpman pou nou demontre pwoblematik ayisyen an pa yon fè izole oubyen yon absidite andeyò yon lojik. Li fè pati de yon angrenaj epistemik ak kondisyonnman sosyo-egzistansyèl ki ap bezwen yon travay konsyantizasyon politik djanm e kontinyèl pou rive kontrekare angrenaj epistemik sila a.

Literati se chwa privilejye mwen fè pou m pote kout men nan devlopman Ayiti, peyi mwen, ki, malgre ke pafwa li se yon manman asasen pou anpil pitit li, rete pou mwen ak anpil lòt konpatriyòt sous emosyon konpletid ankenn lòt peyi paka jwe.

Mwen ta renmen nan esè sila a fikse atansyon nou sou yon Ayiti ki pa ankenn kliche neo-kolonyalis, men pito yon pwojè imen inivèsèl ; Ayiti endepandan ap viv koulye a yon pas istorik eksepsyonèl ki vle menm fè kesyone lejitimite istorik li, dimwen jistès desizyon endepandans li. Se byen regretab.

Mwen rejte tip de espekilasyon sila yo paske yo vle retounen sou anvan yon fè istorik enkontounab : lefètke *esklave* yo, kouwè Frantz Fanon ak Jean-Paul Sartre di, rejwenn imanite yo nan lefètke yo antame rezistans militan, yon vyolans antivyolans, kont sistèm kolonyal esklavajis la ki te dezimanize yo.

Genyen dezoutwa kondisyon enpòtan ki dwe reyini pou yon Ayiti endepandan kontinye ret endepandan e ap jwi wòl eklerè pou liberasyon tout peyi ki domine yo. Premye kondisyon an, se pou nou fòse Nasyon Zini renonse bay tèt li wòl pwotektè Ayiti. Ayiti se yon peyi endepandan ki rekonèt pa Chat Entènasyonal ki regile trete ak lwa sa yo. Pwen nou pral site la yo ka rezime demand esensyèl pou Ayiti pou demen, sètadi apati de jou ki suiv jodi a :

a. Ayiti dwe endepandan e pran desizyon pou avni li ki otodetèmine, sètadi ki pa detèmine oubyen enpoze pa pwisans etranje.

b. Ayiti dwe kite chan depandans anvè Etazini ak charite entènasyonal.

c. Yon grann kantite Ayisyen k ap viv aletranje oubyen ki leve nan peyi etranje dwe deside pou yo retounen viv ann Ayiti oubyen envesti ekonomikman, kiltirèlman, pwofesyonèlman, pèsonèlman nan devlopman Ayiti.

d. Tout pwojè devlopman pou Ayiti dwe baze sou yon modèl devlopman *otojenik*, sètadi ki konte sou devlopman pwòp resous Ayiti (entelektyèlman e materyèlman) pou devlope li. Yon apwòch ki se opoze fo apwòch devlopman anvigè a koulyea, ki li baze sou delegasyon pouvwa, prerogatif ak responsablite bay ONG yo e depandans anvè charite entènasyonal swadizan imanitè.

e. Lang nasyonal ayisyen (ke anpil moun rele « kreyòl » avèk yon konotasyon kolonyalis, men ke nou sigjere pou yo rele senpleman « ayisyen »), dwe vin sèvi kou lang vrèman nasyonal, sètadi kou lang administrasyon Leta yo, kou lang kominikasyon nan medya yo e kou lang enstriksyon nan lekòl ak inivèsite. L'ap sèvi kou lang nasyonal egalego avèk lòt lang nasyonal ayisyen an, fransè.

f. Ayiti dwe sòti nan sistèm globalis enperyalis la ki baze sou aliyman avèk mache kapitalis la ki kontwole pa Etazini ak lòt peyi dominatè ki pa gen enterè Ayiti akè.

Ayiti dwe ankouraje reyaliyman fòs rejyonal yo nan sans pou defann enterè komen yo e pou fè kontrepwa kont ejemonism peyi enperyalis yo.

Finalman, liv sa a se yon defi m leve pou montre kreyòl ayisyen an se yon lang totalkapital ki kouvri tout sijè ak kategori konesans e ki pwouve ou ka distike sa ou vle ladann l kèlkeswa jan literè oubyen disiplin ou vle anplwaye a. Nou anplwaye isit la kritik literè an kreyòl ayisyen nan sans, elegans ak elevasyon ki ka anplwaye nan tout lòt lang nan lemonn. Zèv ak otè ki enterese m yo se zèv ak otè ki rann kont de lavi jan li ye nan reyalite e ki pa p eseye mistifye moun. Chak otè nan liv la repwodui nan zèv yo konfli ki makonnen nan relasyon èt imen youn avèk lòt e rann kont de divès memwa ki anrejistre yo, ak diferan konpòtman, atitid, enterè ki alimante yo.

Se pa donk san rezon ke nou fè montre c pote atansyon nou nan seri esè sila yo sou sèten ekriven ke nou panse ki gen yon enfliyans konsiderad ka lektora yo a. Kou lektè yo ka wè, liv sila a jèminen sou yon long peryòd ak ane ki koumanse depi ane 1960 yo. Se eksprèseman nou ajoute tèks « Ayiti kou yon pwojè imen inivèsèl » nan fen liv la : Nou vle montre ke Ayiti se pa yon pwoblèm, ni yon enkonbreman ke yon moun te vle vòltije jete lwen li. Li se yon defi inivèsèl pou tout konsyans kritik ki vle onore libète ansanm ak lit istorik pèp yo ki senboloze l e ki vle rann li vivan. Natirèlman, li se menmlè a tou, yon prerogativ ayisyen ki pa ka delege bay ankenn antite nonnasyonal, kèlkeswa bòn volonte yo ta montre. Solidarite wi, men pa charite ; fratènite entènasyonal, wi, men pa kontwòl neokolonyalis anba vwal « entèvansyon imanitè ».

Create Dangerously se youn nan de zou twa liv Danticat mwen renmen anpil. Li pa pale twòp de trajedi 12 janvye 2010 la, men nan tikal paj li konsakre sou memwa goudougoudou, emosyon l parèt tou natirèlman, avèk senplisite, avèk yon onètete despri li toujou montre nan zèv li. Mwen twouve pasaj kote li pale de lè lame meriken, ki okipe ayewopò nasypnal ayisyen an, refize pasaj moun ki gen paspò ayisyen (anfavè moun ki gen paspò meriken). Mwen renmen pi patikilyèman lè li di emosyon alafwa tris e vigouran ki antre nan nannan kè li lè avyon retou a t ap demare pou l al Ozetazini, lè youn nan pasaje yo rele « God bless America » ; kou yon pitit k ap kite yon manman, li di li santi l « ouvètman pwotektris de yon Ayiti ki deja depalfini, mwen tande mwenmenm ki rele "God bless Haiti, too (Bondye beni Ayiti tou)", ki fè lòt pasaje yo voye kèk koutje bò kote m.

(Mas 2013 / Esè sa a parèt tou nan lòt liv mwen *Memwa baboukèt / La Parole indomptée /La gueule du trublion*)

Nòt

1. Akoz de yon defo fabrikasyon, paragraf sa a te defòme nan premye vèsyon tèks sila a ki fè di pa erè ke « monnonk Joseph te yon ansyen tontonmakout ki t ap fui lajistis ». Nou korije defo sa a isit la. Lektè yo ka apresye nou ajoute nan nouvo edisyon sa a pati ki soutitre « Peripesi monnonk Joseph » la ki pale plis sou misye.

2. Edwidge Danticat : *Create Dangerously*, Princeton University Press, 2010.

3. MINUSTAH (Mission des Nations Unies pour la stabilisation en Haïti), CIMO (Corps d'Intervention et de Maintien de l'Ordre), CIVPOL (Civilian Police oswa Police civile).

4. Cf. Peter Hallward, « Repression and Resistance in Haiti, 2004–2006 », Verso Books, jiyè 2018 : https://www.versobooks. com/blogs/3925-repression-and-resistance-in-haiti-2004-2006

Pwofil bio/bibliyo otè a

Tontongi se non ekri Eddy Toussaint. Li fèt nan Pòtoprens, Ayiti, e li imigre Ozetazini an 1976, apre yon sejou an Frans. Antanke powèt, kritik e eseyis, otè a ekri ann ayisyen, an fransè e ann anglè. Tontongi itilize sejou li an Frans, e apre sa, nan Etazini pou l chache byen konprann fondasyon opresyon nan peyi oksidantal yo, li sèvi nan pwezi li ak memwa l yo ak pèspektiv metodoloji kritik li rele *antwopoloji revèse* a (yon sòt kale-je anrevè Zòt, oprime a, voye sou opresè a, yon retounen-man kritik ki soti fwa sa a de Sid ale nan Nò, e non pa de Nò an Sid kou sa te toujou ye anvan). Pami zèv li pibliye, genyen rekèy powèm, *Cri de rêve* (fransè, ayisyen, 1986) ; *The Dream of Being* (anglè, ko-ekri avèk Gary Hicks, 1992) ; *The Vodou Gods' Joy / Rejwisans lwa yo* (yon powèm epik bileng, anglè, ayisyen, 1997). Koleksyon esè li ya *Critique de la francophonie haïtienne* (fransè, ayisyen, 2008), trete de relasyon pouvwa ki genyen ant kreyòl ayisyen e fransè. Misye edite yon antoloji trileng *Vwa Solèy Pale : Antoloji powèt ayisyen ki pibliye nan Revi Tanbou* (anglè, fransè, ayisyen, 2009). Otè a kontribye nan plizyè revi, jounal e antoloji ki pibliye ann Ayiti e nan Dyaspora ayisyen an, pami yo : *Nouvelle Stratégie, Haïti Progrès, Haïti en Marche, Haïti Liberté ;* antoloji *Révolte, subversion et développement chez Jacques Roumain* (fransè, ayisyen, 2009) ; *Poets Against the Killing Fields,* (anglè, 2007) ; *Revolution / Revolisyon / Révolution : An Artistic Commemoration of the Haitian Revolution* (anglè, fransè, ayisyen, 2004) ; *Open Gate : Anthology of Haitian Creole Poetry,* (anglè, ayisyen, 2001) ; *Vodou : Visions and Voices of Haiti,* (anglè, 1998) ; *Anthologie des poètes haïtiens du Massachusetts* (fransè, anglè, ayisyen, 1998). Tontongi se edite-anchèf revi trileng *Tanbou* (www.tanbou.com, sou entènèt). Dènye liv li yo se *Poetica Agwe* (2012), yon koleksyon esè ak powèm an fransè, anglè e ayisyen, *In the Beast's Alley* (2013), yon rekèy powèm ann anglè, epi *La Parole indomptée /Memwa Baboukèt* (2015), yon koleksyon esè ak powèm.

Tablo kontni

Lòt piblikasyon nan Près Trileng
Autres parutions dans Presse Trilingue
Other releases by Trilingual Press

Kiki Wainwright
Tanbou libération / Tambour de la liberation / Drum of Liberation
[Powèm an twa lang, 158 paj, oktòb 2015]

Don D. William
Flèch Palmis Pa Fizi
[Woman, 120 paj, oktòb 2015]

Kwitoya
Pawolitik
[Powèm 120 paj, oktòb 2015]

Franck Laraque
L'instrumentalisation de la pensée révolutionnaire / The instrumentalization of Revolutionary Thought
[Essais/Essays, 560 pages, juillet/July 2014]

Fred Edson Lafortune
An n al Lazil
[Koleksyon powèm ann ayisyen, 116 pages, ete 2014]

Anne-Marie Bourand Wolff
La colline des adieux
[Roman, 220 pages, janvier 2014]

Cheo Jeffery Allen Solder
One4deBrovahs
[Essays, 150 pages, December 2013]

Charlot Lucien
La tentation de l'autre rive / Tantasyon latravèse
[Poèmes, 116 pages, oktòb 2013]

Georges Jean-Charles

Jacques Stéphen Alexis, romancier de Compère Général Soleil
[Essais, 364 pages, mars 2013]
Arbres, merveille, Histoire... dans l'univers de Jacques Stéphen Alexis
[Essais, 424 pages, août 2017]

Patrick Sylvain

Anba Bòt Kwokodil
[Woman, 190 paj, jiyè 2014]
Masuife
[Koleksyon powèm, 100 pages, mas 2013]

Nicole Titus

Hamlèt (Prens Dànmak)
[Tradiksyon, 190 paj, dawout 2014]
Plato / Platon : Apology, Crito, Phaedo / Apoloji, Kriti, Fedo
[Translation/Tradiksyon, 100 pages, desanm/December 2012]

Dumafis Lafontan

Krik ? Krak! Dèyè Mòn Gen Mòn / Mountains Behind Mountains
[Bilingual collection of poems, 134 pages, desanm/December 2012]

Frantz-Antoine Leconte

René Depestre : du chaos à la cohérence
Contributeurs : Robenson Bernard, Etienne Télémarque, Bernadette Carré Crosley, Eddy Magloire, Amy J. Ransom, Clément Mbom, Sarah Juliet Lauro, Cauvin Paul, Silvia U. Baage et Léon-François Hoffman. [Anthologie d'essais, 354 pages, 2012]

Tontongi with the Liberation Poetry Collective

Poets Against the Killing Fields
Contributors : Askia Touré, Aldo Tambellini, Brenda Walcott, Jill Netchinsky, Joselyn Almeida, Neil Calender, Tontongi, Anna Wexler, Gary Hicks and Tony Medina. [Anthology of poems, 170 pages, September 2007]

Tontongi
In the Beast's Alley
[Poems, 210 pages, october 2013]

Poetica Agwe
Essays, Poems and Testimonials on Resistance, Peace, and the Ideal of Being / Esè, powèm e temwayaj sou rezistans, lapè e ideyal nanm nou / Essais, poèmes et témoignages sur la résistance, la paix et l'idéal d'être [A trilingual edition / Yon edisyon an twa lang / Une édition trilingue, 420 pages, 2011]

Voices of the Sun : The Anthology of Haitian Writers Published in the Review Tanbou / Les Voix du Soleil : Anthologie des écrivains haïtiens publiés dans la revue Tanbou / Vwa Solèy pale : antoloji ekriven ayisyen pibliye nan revi Tanbou

Contributeurs/Kontribitè/Contributors: Paul Laraque, Tontongi (Eddy Toussaint), Hugues St. Fort, Papadòs (Fritz Dossous), Jean-André Constant, Berthony Dupont, Marc Arena, Doumafis Lafontan, Nounous (Lenous Surprice), Yvon Joseph, Patrick Louis, Edner Saint-Amour, Charlot Lucien, Emmanuel Védrine, André Fouad, Rodelaire Octavius, Janvier Lesly Junior, Bobby Paul, Jean Saint-Vil, Franck Laraque, Jack Hirschman, Lee Chance, Glodel Mezilas, Melissa Beauvery, Cathy Delaleu, Jean-Dany Joachim, Roberto Strongman, Guamacice Délice, Huguens Louis-Pierre, Vilvalex Calice, Elsie Suréna, Denise Bernhardt, Duccha (Duckens Charitable), Suzy Magloire-Sicard, Michel-Ange Hypopolite, Patrick Sylvain, Barbara Victome, Jeanie Bogart, Gary Daniel, Johnny Bélizaire, Denizé Lauture, Fred Edson Lafortune, Jamie Moon, Pierre-Roland Bain, Idi Jawarakim, Danielle Legros-Georges, Edwald Delva, Oreste Joseph, Serge-Claude Valmé, Doug Tanoury, Prosper "Makendal" Sylvain, Jr., Brian Sangudi, Anna Wexler, Marilène Phipps. Photos and paintings by / photos et peintures par / foto ak tablo pa : David Henry, Michel Doret, Don Gurewitz, Marilène Phipps, Blondèl Joseph. [Poèmes et essais trilingues, 404 pages, septanm 2007]

Tontongi and Jill Netchinsky

The Anthology of Liberation Poetry

Contributors : Joselyn M. Almeida, Ali Al-Sabbagh, Marc Arena, Soul Brown, Richard Cambridge, Neil Callender, Berthony Dupont Martín Espada, L'Mercie Frazier Patricia Frisella, Regie O'Hare Gibson, Marc D. Goldfinger, Calvin Hicks, Gary Hicks, Jack Hirschman, Everett Hoagland, Paul Laraque, Daniel Laurent, Denizé Lauture, Danielle Legros Georges, Tony Medina, Jill Netchinsky-Toussaint, Tanya Pérez-Brennan, Thomas Phillips, Ashley Rose Salomon, Margie Shaheed, Cheo Jeffery Allen Solder, Patrick Sylvain, Aldo Tambellini, Tontongi, Askia M. Touré, Tony Menelik Van Der Meer, Frantz "Kiki" Wainwright, Brenda Walcott, Anna Wexler, and Richard Wilhelm. [Anthology of poems, 320 pages, January 2010]

Paul Germain

Love and Other Poems by Haitian Youths

Contributors : Bernadin Bastien, Célemme Biennestin, Evens Ciméa, Erlia Dessin, Elie Fortuné, Paul E Germain, Samson Germain, Gustave Neslyn Josh, Judeline Jean Baptiste, Sandra Lamontagne, Remylus Losius, Rubens Maisonneuve, Mario Morency, Ruth Norvilus, Jonas Saint-Aubin, Emmanuel W. Védrine, Farah Paul, Wilguens Sainterling, Ebed Sainterling, Gems Dorvil, Charles Jean-Baptiste, Fabrice Mont-Louis. [Trilingual anthology of poems, 80 pages, July 2004]

Denizé Lauture

Madichon Sanba : Dlo nan Sensè a
[Koleksyon powèm, me 2003]
Les lunes d'or du cactus
[Poèmes, 170 pages, septembre 2017]
Les dards empoisonnés du denizen
[Poèmes, 99 pages, juillet 2016]

Marie-Thérèse Labossière Thomas

Clerise of Haiti
[Novel, 378 pages, 2010]

Franck Laraque

Paul Laraque : Éclaireur de l'aube nouvelle
Contributeurs : Josaphat-Robert Large, Frantz-Antoine Leconte, Hughes St-Fort, Max Manigat, Frantz Latour, Jean Métellus, Jean Prophète, René Depestre, Robert Garoute, Gérard Pétrus, Claude Pierre, Elie Leblanc, Jr., Gary Klang, Karèn Bogat, Georges Jean Charles, Denizé Lauture, Clotaire Saint-Natus, Lochard Noël, Serge François, Berthony Dupont, Papados, Jean André Constant, Danielle Laraque Arena, Jack Hirschman, Michele Laraque, Marc Anthony Arena, Hatuey Laraque Two Elk, Ashley Laraque, Max Schwartz, Prosper Sylvain, Jr., Gabrielle Vimer, Anthony Phelps, Rodney Saint-Eloi, Gérard Etienne, Eddy Mésidor, Emmanuel Gilles, Frantz Ludeke, Fritz Clermont, Camille Gauthier, Kern Delince, Raymond Chassagne, Jean Gatcau, Jean Claude Valbrun, Tontongi, Jean Mapou, Roger Savain, Michel-Ange Hyppolite. [Essais, 180 pages, été 2009]

Dumas F. Lafontant

After the Dust Settles
[Bilingual collection of poems / Koleksyon powèm bileng (English–Ayisyen), 136 pages, Fall 2010]

Dr. Vinod A. Mittal

Low Back Pain And Low Back Care
An edition in five languages (English, Hindi, Spanish, Haitian, and Portuguese)
Contributors : Priti V. Mittal, Altagracia P. Mayers, Idi Jawarakim, Patricia B.P. Dos Santos.
[Medical advice, 82 pages, 2009]

Liv k ap prepare
Livres en préparation
Books in preparation (2019)

Nicole Titus
Romeo ak Jilyèt
[Tradiksyon, 150 paj, avril 2019]

Denizé Lauture
Koleksyon powèm kreyòl
[Powèm, 200 paj, oktòb 2019]

www.ingramcontent.com/pod-product-compliance
Lightning Source LLC
Chambersburg PA
CBHW050405030726
47503CB00006B/2040